W0329860

Spanisch in 30 Tagen

humboldt
Sprachen

Die Sprachentitel in unserer Reihe:

Englisch in 30 Tagen*	ht 11
Englisch für Fortgeschrittene*	ht 61
Englisch – Bild für Bild	ht 296
Englischer Basis-Wortschatz	ht 574
Englisch – jetzt in Comics	ht 578
Englische Grammatik – kurz und schmerzlos	ht 617
Französisch in 30 Tagen*	ht 40
Französisch für Fortgeschrittene	ht 109
Französisch – Bild für Bild	ht 297
Französisch – jetzt in Comics	ht 579
Spanisch in 30 Tagen*	ht 57
Spanisch für Fortgeschrittene*	ht 626
Spanisch – Bild für Bild	ht 345
Spanisch – jetzt in Comics	ht 581
Italienisch in 30 Tagen*	ht 55
Italienisch für Fortgeschrittene	ht 108
Italienisch – Bild für Bild	ht 344
Italienisch – jetzt in Comics	ht 580
Russisch in 20 Lektionen	ht 81
Dänisch in 30 Tagen	ht 124
Griechisch für den Urlaub	ht 373
Türkisch für den Urlaub*	ht 628

Die mit * versehenen Sprachentitel gibt es auch als Buch **mit Übungscassette:** Englisch (800 u. 805), Französisch (801), Italienisch (802), Spanisch (803 u. 806), Türkisch (804).

Spanisch in 30 Tagen

Von José María Domínguez
und Rudolf Köstler

In Zusammenarbeit mit Langenscheidt

humboldt

humboldt-taschenbuch 57
Umschlaggestaltung: Christa Manner, München
Umschlagfotos: Manfred M. Schmatz, München (Münzen)
und Mauritius, Mittenwald (Stierkampf)
Text-Illustrationen: Herbert Horn, München

Abkürzungen

Adj.	Adjektiv
f	feminin
Inf.	Infinitiv
Konj.	Konjunktiv
m	maskulin
Pl.	Plural
P.P.	Partizip Perfekt

Hinweis:
Der Fortsetzungsband dieses Sprachkurses in der gleichen Reihe:
ht 626 »Spanisch für Fortgeschrittene«.

Druck: Presse-Druck Augsburg
Printed in Germany
ISBN 3-581-66057-1

8 * 91

Inhalt

Einführung

Dieses Lehrbuch ist für Anfänger gedacht, die sich im Selbstunterricht oder in Sprachkursen solide Grundkenntnisse der spanischen Sprache aneignen wollen.
Die Lektionstexte vermitteln einen Einblick in das Leben und die Probleme einer heutigen spanischen Durchschnittsfamilie. Durch zahlreiche Dialoge wird der Spanischlernende mit lebensnahen Sprachsituationen vertraut gemacht. Illustrationen veranschaulichen den Inhalt der einzelnen Texte.
Der Spracherwerb führt über das passive Verstehen und die Einsicht in den Bau einer Sprache zum aktiven Gebrauch und zum geistigen Besitz. Demgemäß ist jede Lektion in folgende Stufen gegliedert: Spanischer Text - deutsche Übersetzung - Grammatik - Übungen - Wortschatz. Die deutsche Übersetzung hält sich eng an den spanischen Text, ohne der deutschen Sprache Gewalt anzutun. Die Grammatik beschränkt sich auf Wesentliches, das jedoch anhand zahlreicher Beispiele mit gegenüberstehender deutscher Übersetzung einprägsam dargeboten wird. Der ausführliche Übungsteil soll das Gelernte festigen und zur aktiven Sprachbeherrschung führen. Schließlich werden für Memorierzwecke die Wörter der Lektionstexte in der Reihenfolge ihres Auftretens mit ihren deutschen Entsprechungen angeführt.
Aktive Sprachkenntnis bedeutet vor allem Sprechenkönnen. Eine wesentliche Voraussetzung hierfür ist die richtige Aussprache und Betonung. Deshalb sind die Texte der ersten zehn Lektionen Zeile für Zeile in einer für Deutsche leichtverständlichen Lautschrift umschrieben; der Vokal der betonten Silben ist jeweils fett gedruckt. Vor allem dem im Selbstunterricht Lernenden wird empfohlen, sich die spanischen Ausspracheregeln und die Lautschrift, die zu Beginn des Lehrbuches erläutert werden, genau einzuprägen und darüber hinaus jede Gelegenheit zu nutzen, um gesprochenes Spanisch zu hören.
Wir hoffen, daß dieses Werk unter den an der Weltsprache Spanisch Interessierten viele Freunde finden wird.

Verfasser und Verlag

Aussprache und Lautschrift

Die **Vokale** – a, e, i, o, u – werden wie im Deutschen ausgesprochen. Sie sind von mittlerer Dauer. In der Lautschrift sind die betonten Vokale fettgedruckt: muchacho = *mutsch**a**tscho (Junge).*

Bei den **Diphthongen** behält – im Gegensatz zum Deutschen – jeder Vokal seinen Lautwert: aumentar = *a‿ument**a**r (zunehmen)*; Europa = *e‿ur**o**pa*; fiesta = *fi‿**e**sta (Fest)*; maestra = *ma‿**e**stra (Lehrerin)* usw.

Das i bzw. y und das u bilden stets den unbetonten Teil eines Diphthongs: bueno *(gut)*; aceite *(Öl)*; hay *(es gibt)* usw.

Die Konsonanten:

Schreibung	Erläuterung der Aussprache	Lautschrift
b	wird ebenso wie spanisch **v** nur am Anfang des Satzes, nach einer Sprechpause sowie nach m wie deutsches b gesprochen: ¡buenos días! = *bu**e**nos d**i**as (guten Tag!)*; también = *tambi**e**n (auch)*; ¡vamos! = *b**a**mos (gehen wir!)*; tranvía = *tramb**i**a (Straßenbahn)*	*b*
b	bzw. **v** wird in allen übrigen Fällen als mit beiden Lippen gebildeter Reibelaut, also etwa wie deutsches w, gesprochen: saber = *saƀ**e**r (wissen)*; es verdad = *es ƀerd**a**d (das stimmt)*	*ƀ*
c	vor a, o, u und vor Konsonant wie k, aber weicher und leichter als im Deutschen, ohne Nachklang von h: cabo = *k**a**ƀo (Ende)*; ¿cómo? = *k**o**mo (wie)*; ¿cuándo? = *ku**a**ndo (wann?)*; claro = *kl**a**ro (klar)*	*k*
c	vor e und i wie englisch th (Zunge zwischen die Zähne schieben): cena = *θ**e**na (Abendessen)*; cine = *θ**i**ne (Kino)*	*θ*
ch	wie tsch: chico = *tsch**i**ko (klein)*	*tsch*

d	wie deutsches d, aber meist flüchtiger und leichter; am Wortende und in der Endung -ado kaum hörbar	*d*
f	wie deutsches f	*f*
g	vor a, o, u und vor Konsonant etwa wie deutsches g: gata = *gata (Katze)*; golpe = *golpe (Schlag)*; guapo = *guapo (hübsch)*; ¡gracias! = *graθias (danke!)*	*g*
g	vor e und i wie ch im deutschen „Rache“: gente = *chente (Leute)*; giro = *chiro (Drehung)*	*ch*
gu	u in den Buchstabenverbindungen gue und gui zeigt an, daß das g wie deutsches g gesprochen wird: guerra = *gerra (Krieg)*; guisante = *gisante (Erbse)*	*g*
gü	ü in den Buchstabenverbindungen güe und güi zeigt an, daß gue bzw. gui gesprochen wird: ungüento = *unguento (Salbe)*	*gu*
h	bleibt stumm	
j	wie ch im deutschen „Rache“: jefe = *chefe (Chef)*	*ch*
l	wie deutsches l	*l*
ll	etwa wie lj in „Brillant“; j sehr weich: calle = *kalje (Straße)*	*lj*
m	wie deutsches m	*m*
n	meist wie deutsches n	*n*
n	vor den Lippenlauten b, p, f, v wie m: un balón = *um balon (ein Ball)*; un pie = *um pie (ein Fuß)*; enfermo = *emfermo (krank)*; en verano = *em berano (im Sommer)*	*m*
ñ	etwa wie nj in „Kastanie“, „Kognak“: niño = *ninjo (Kind)*	*nj*
p	weicher als im Deutschen, ohne Nachklang von h	*p*

qu	wie deutsches k (nicht kw wie im deutschen „Quelle“): quedar = *ked**a**r (bleiben)*	*k*
r	gerolltes Zungenspitzen-r; am Wortanfang sowie nach l, n und s stark gerollt: pero = *p**e**ro (aber)*	*r*
rr	stark gerolltes Zungenspitzen-r: perro = *p**e**rro (Hund)*	*rr*
s	wie scharfes deutsches s, mit Tendenz zu sch	*s*
t	weicher als im Deutschen, ohne Nachklang von h	*t*
v	siehe unter **b**	
x	weicher als im Deutschen, etwa gs	*x*
y	meist wie deutsches j: ya = *ja (schon)*; ayer = *ajer (gestern)*	*j*
y	am Wortende als Vokal wie i: hoy = ***o**i (heute)*	*i*
z	wie englisch th (Zunge zwischen die Zähne schieben): zona = *θ**o**na (Zone)*	*θ*

Bindung: Die einzelnen Wörter eines Satzzusammenhangs werden nicht abgehackt gesprochen, sondern gebunden: ¿Qué hora es? = *ke‿ora‿es (Wieviel Uhr ist es?)*; ¿Que es eso? = *ke‿es‿eso (Was ist das?)*

Betonung und Akzent

1. Mehrsilbige Wörter, die auf einen **Vokal, n** oder **s** enden, werden auf der **vorletzten** Silbe betont: claro = *kl**a**ro (klar)*; joven = *ch**o**ben (jung)*; naciones = *naθi**o**nes (Nationen)*.
2. Mehrsilbige Wörter, die auf einen **Konsonanten** (außer n und s) enden, werden auf der **letzten** Silbe betont: español = *espanj**o**l (spanisch)*.
3. Ausnahmen von diesen Regeln werden in der spanischen Rechtschreibung durch den **Akzent** gekennzeichnet: está *(ist)*, número *(Nummer)*, unión *(Union)*, francés *(französisch)*.
4. Der Akzent scheidet außerdem gleichlautende Wörter verschiedener Bedeutung: más *(mehr)* – mas *(aber)*; ¿cómo? *(wie, Fragewort)* – como *(wie, Adverb)*.

Groß- und Kleinschreibung: Große Anfangsbuchstaben werden verwendet für

a) Satzanfang
b) Eigennamen: Personen, Länder, Flüsse, Berge, Städte, Straßen, Gebäude usw.
c) Institutionen, Organisationen, Behörden: el Estado *(der Staat)*, la Iglesia *(die Kirche)*, el Ayuntamiento *(die Gemeindeverwaltung)* usw.
d) Schul- und Studienfächer: Historia *(Geschichte)*, Química *(Chemie)*, Derecho *(Recht)* usw.
e) die Abkürzungen des Personalpronomens der höflichen Anrede "usted" *(Sie)*: Vd., Ud., V.

Klein geschrieben werden u. a. Nationalitäts- und Stammesbezeichnungen (les españoles = *die Spanier,* los bávaros = *die Bayern*) sowie die Namen der Wochentage und Monate (lunes = *Montag*, enero = *Januar* usw., aber: el 1° de Mayo).

Satzzeichen: Außer dem üblichen Frage- oder Ausrufezeichen steht v o r der Frage oder dem Ausruf ein umgekehrtes Frage- bzw. Ausrufezeichen. Nach der Anrede im Brief steht ein Doppelpunkt. Die übrigen Satzzeichen werden etwa wie im Deutschen verwendet.

Silbentrennung: Ein einfacher Konsonant zwischen zwei Vokalen tritt zur folgenden Silbe: di-ne-ro *(Geld).*

Von zwei und mehr Konsonanten tritt der letzte zur folgenden Silbe: dis-cur-so *(Rede)*, cons-tar *(feststehen).* Ausnahmen: Konsonant + l oder + r werden nicht getrennt: po-bre *(arm)*, ejemplo *(Beispiel).* Die Verbindungen ch, ll, rr gelten als selbständige Buchstaben und werden nicht getrennt: no-che *(Nacht)*, ca-lle *(Straße)*, pe-rro *(Hund).*

Verbindungen von mehreren Vokalen werden nicht getrennt: bien *(gut)*, buey *(Ochse).*

Grammatische Fachausdrücke und ihre Bedeutung

Adjektiv	Eigenschaftswort
Adverb	Umstandswort
Akkusativ	Wenfall, 4. Fall
Akzent	Betonungszeichen
Artikel	Geschlechtswort
Dativ	Wemfall, 3. Fall
Deklination	Beugung von Substantiv, Adjektiv und Pronomen
Demonstrativpronomen	hinweisendes Fürwort
Diminutiv	Verkleinerungsform
Diphthong	Doppellaut, Zwielaut
feminin	weiblich
Futur	Zukunft
Genitiv	Wesfall, 2. Fall
Genus	Geschlecht
Gerundium	unveränderliche Verbform mit adverbialer Funktion
Imperativ	Befehlsform
Imperfekt	1. Vergangenheit
Indikativ	Wirklichkeitsform
Infinitiv	Grundform, Nennform des Verbs
Interrogativpronomen	Fragefürwort
Komparativ	1. Steigerungsstufe
Konditional	Bedingungsform
Konjugation	Beugung des Verbs
konjugieren	beugen (Verb)
Konjunktion	Bindewort
Konjunktiv	Möglichkeitsform
Konsonant	Mitlaut
maskulin	männlich
Nominativ	Werfall, 1. Fall
Objekt	Satzergänzung
Partizip	Mittelwort
Partizip Perfekt	Mittelwort der Vergangenheit
Passiv	Leideform
Perfekt	vollendete Gegenwart, 2. Vergangenheit

Personalpronomen	persönliches Fürwort
Plural	Mehrzahl
Plusquamperfekt	Vorvergangenheit, 3. Vergangenheit
Possessivpronomen	besitzanzeigendes Fürwort
Prädikat	Satzaussage
Präposition	Verhältniswort
Präsens	Gegenwart
Präteritum	Vergangenheit
Pronomen	Fürwort
reflexiv	rückbezüglich
Singular	Einzahl
Subjekt	Satzgegenstand
Substantiv	Hauptwort
Superlativ	höchste Steigerungsstufe
Verb	Zeitwort
Vokal	Selbstlaut

Lección 1 – Lektion 1

La difícil pronunciación
Die schwierige Aussprache

I. Text

Marion estudia español en una academia de idiomas. Ya habla
*m**a**rion est**u**dia espanj**o**l en una akad**e**mia de idi**o**mas ja **a**ƀla*

español; desea perfeccionar la pronunciación, para pasar las
*espanj**o**l des**e**a perfekθion**a**r la pronunθiaθi**o**n para pas**a**r las*

vacaciones con amigos españoles.
*ƀakaθi**o**nes kon am**i**gos espanj**o**les*

(Profesor: *P.*, Marion: *M.*)

P.: Usted pronuncia muy bien las palabras.
*usted pron**u**nθia mui bi**e**n las pal**a**ƀras*

M.: No, muy bien no; regular sólo.
*no mui bi**e**n no regul**a**r s**o**lo*

P.: La pronunciación resulta fácil, ¿no?
*la pronunθiaθi**o**n res**u**lta f**a**θil no*

M.: ¡No!; la pronunciación resulta muy difícil.
*no la pronunθiaθi**o**n res**u**lta mui dif**i**θil*

P.: Por ejemplo, la elle, la eñe, la ge, la che, la zeta …
*por ech**e**mplo la **e**lje la **e**nje la ch**e** la tch**e** la θ**e**ta*

M.: … y la erre: rancho, región, carretera …
*i la **e**rre r**a**ntscho rechi**o**n karret**e**ra*

P.: … calleja, caña de azúcar, muchacha de Zaragoza,
*kalj**e**cha k**a**nja de aθ**u**kar mutsch**a**tscha de θarag**o**θa*

vino de Jerez …
*b**i**no de cher**e**θ*

M.: … guerrilla, catarro, torrero, torero … ¡uff!
*gerr**i**lja kat**a**rro torr**e**ro tor**e**ro uf*

P.: Muy bien; usted pronuncia muy bien, señorita.
*mui bi**e**n ust**e**d pron**u**nθia mui bi**e**n senjor**i**ta*

II. Übersetzung

Marion lernt Spanisch in einer Sprachenschule. Bereits spricht sie Spanisch; sie wünscht die Aussprache zu vervollkommnen, um die Ferien mit spanischen Freunden zu verbringen.

Lehrer: Sie sprechen sehr gut die Wörter aus. – *Marion:* Nein, sehr gut nicht; mittelmäßig nur. – *L.:* Die Aussprache ist leicht, nicht? – *M.:* Nein! Die Aussprache ist sehr schwer. – *L.:* Zum Beispiel das ll, das ñ, das g(e), das ch, das z … – *M.:* … und das r (rr): rancho, región, carretera … – *L.:* … calleja, caña de azúcar, muchacha de Zaragoza, vino de Jerez … – *M.:* … guerrilla, catarro, torrero, torero … Uff! – *L.:* Sehr gut; Sie sprechen sehr gut aus, Señorita.

III. Grammatik

Der einfache Satz im Spanischen

El	profesor	pronuncia	la	palabra.	
Der	*Lehrer*	*spricht*	*das*	*Wort*	*(aus).*
Subjekt		**Prädikat**	**Objekt**		
Marion		estudia	español.		
Marion		*lernt*	*Spanisch*		

Der bestimmte Artikel

Singular					
el	*der*	**la**	*die*	el amigo	la casa
				der Freund	*das Haus*
Plural					
los	*die*	**las**	*die*	los amigos	las casas
				die Freunde	*die Häuser*

Der unbestimmte Artikel

Singular					
un	*ein*	**una**	*eine*	un amigo	una casa
				ein Freund	*ein Haus*
Plural					
unos/unas		*einige*		unos amigos	unas casas
				einige Freunde	*einige Häuser*

Verben: Viele spanische Verben enden im Infinitiv auf **-ar,** z. B. habl**ar,** pronunci**ar,** estudi**ar,** resul**tar** usw. Sie gehören der **a**-Konjugation oder **1. Konjugation** an und werden wie folgt konjugiert:

Indikativ Präsens:

habl **o**	habl **amos**	*ich spreche*	*wir sprechen*
habl **as**	habl **áis**	*du sprichst*	*ihr sprecht*
habl **a**	habl **an**	*er, sie, es spricht*	*sie sprechen*

Die Person wird also – wie im Lateinischen - durch die Endung ausgedrückt. Natürlich gibt es auch Pronomen, die aber nur bei Unklarheit oder Betonung verwendet werden (siehe Lektion 3).

IV. Übungen

1. Setzen Sie den bestimmten Artikel:
... pronunciación; ... academia; ... idioma; ... vacaciones; ... palabras; ... profesor; ... amigos.

2. Setzen Sie den unbestimmten Artikel:
... muchacha; ... torero; ... señorita; ... amigos; ... catarro; ... palabra; ... ejemplo; ... carretera.

3. Antworten Sie:
¿Pronuncia bien Marion? / ¿Resulta fácil la pronunciación española? / ¿Qué palabras resultan difíciles? / ¿Habla Marion español?

4. Lesen Sie laut:
una muchacha de Jerez; la caña de azúcar; torero; torrero; la carretera de Zaragoza; la región; una guerrilla; la fácil pronunciación; el catarro del torero.

5. Übersetzen Sie:
1. El estudiante[1] compra[2] el libro[3].2. La muchacha toma[4] un café. 3. El camarero[5] no limpia[6] la mesa[7]. 4. El jefe[8] redacta[9] la carta[10]. 5. ¿No controla[11] el profesor los trabajos[12]? 6. Una alumna[13] levanta[14] la mano[15]. 7. El señor[16] pregunta[17] pero[18] la señora[19] no contesta[20]. 8. Una señorita habla español. 9. Adelantamos[21] de día en día[22]. 10. ¿Cuándo[23] llega[24] el tren[25] de la tarde[26]?
(Vokabular: [1]Student, [2]kaufen, [3]Buch; [4]nehmen; [5]Kellner, [6]reinigen, [7]Tisch; [8]Chef, [9]verfassen, [10]Brief; [11]kontrollieren, [12]Arbeiten; [13]Schülerin, [14]heben, [15]Hand; [16]Herr, [17]fragen, [18]aber, [19]Dame, [20]antworten; [21]Fortschritte machen, [22]von Tag zu Tag; [23]wann, [24]ankommen, [25]Zug, [26]des Nachmittags)

V. Wortschatz

la lección	*la lekθion*	Lektion
difícil	*difiθil*	schwer, schwierig
la pronunciación	*la pronunθiaθion*	Aussprache
estudiar	*estudiar*	lernen; studieren
el español	*el espanjol*	spanische Sprache; Spanier

en	*en*	in
la academia	*la akademia*	Schule; Akademie
el idioma	*el idioma*	Sprache
ya	*ja*	schon, bereits
hablar	*aƀlar*	sprechen
desear	*desear*	wünschen
perfeccionar	*perfekθionar*	vervollkommnen, perfektionieren
para	*para*	um zu
pasar	*pasar*	verbringen
las vacaciones	*las ƀakaθiones*	Ferien, Urlaub
con	*kon*	mit; bei
el amigo	*el amigo*	Freund
el profesor	*el profesor*	Lehrer; Professor; Dozent
usted	*usted*	Sie *(Höflichkeitsform)*
pronunciar	*pronunθiar*	aussprechen
muy	*mui*	sehr
bien	*bien*	gut
la palabra	*la palaƀra*	Wort
regular	*regular*	(mittel)mäßig
sólo	*solo*	nur
resultar	*resultar*	resultieren
fácil	*faθil*	leicht
resultar fácil		leicht sein, fallen (sich als leicht erweisen)
por ejemplo	*por echemplo*	zum Beispiel
y	*i*	und
el rancho	*el rantscho*	Ranch
la región	*la rechion*	Region
la carretera	*la karretera*	Straße (Land-)
la calleja	*la kaljecha*	Gasse
la caña de azúcar	*la kanja de aθukar*	Zuckerrohr
la muchacha	*la mutschatscha*	Mädchen
el vino	*el ƀino*	Wein
la guerrilla	*la gerrilja*	Guerilla
el catarro	*el katarro*	Katarrh
el torrero	*el torrero*	Turmwächter
el torero	*el torero*	Stierkämpfer
la señorita	*la senjorita*	Fräulein

Lección 2 – Lektion 2

La primera clase

Die erste Stunde

I. Text

Marion ocupa un asiento en la clase de español. El profesor
marion okupa un asiento en la klase de espanjol el profesor

explica la lección, pronuncia despacio las palabras y los
esplika la lekθion pronunθia despaθio las palaƀras i los

alumnos toman apuntes en el cuaderno. Marion escucha con
alumnos toman apuntes en el kuaderno marion eskutscha kon

atención las explicaciones del profesor. El profesor pronuncia
atenθion las esplikaθiones del profesor el profesor pronunθia

las palabras con lentitud y claridad. Un alumno charlatán no
las palaƀras kon lentitud i klaridad un alumno tscharlatan no

presta atención; habla y molesta a Marion con risas y palabras.
presta atenθion aƀla i molesta a marion kon risas i palaƀras

El profesor corta la explicación y mira al alumno charlatán. El
*el profes**o**r k**o**rta la esplikaθ**io**n i m**i**ra al al**u**mno tscharlat**a**n el*

alumno charlatán mira al profesor. Marion mira al profesor y
*al**u**mno tscharlat**a**n m**i**ra al profes**o**r m**a**rion m**i**ra al profes**o**r i*

al alumno charlatán. El profesor pronuncia despacio una frase.
*al al**u**mno tscharlat**a**n el profes**o**r pron**u**nθia desp**a**θio una fr**a**se*

El alumno charlatán escucha ahora con mucha atención.
*el al**u**mno tscharlat**a**n esk**u**tscha a**o**ra kon m**u**tscha atenθ**io**n*

II. Übersetzung

Marion nimmt einen Platz in der Spanischstunde ein. Der Lehrer erklärt die Lektion, er spricht die Wörter langsam aus, und die Schüler machen sich Notizen im Heft. Marion hört mit Aufmerksamkeit die Erklärungen des Lehrers. Der Lehrer spricht die Wörter langsam und deutlich aus. Ein geschwätziger Schüler paßt nicht auf; er spricht und stört Marion mit Gelächter und Worten. Der Lehrer unterbricht die Erklärung und blickt den geschwätzigen Schüler an. Der geschwätzige Schüler blickt den Lehrer an. Marion blickt den Lehrer und den geschwätzigen Schüler an. Der Lehrer spricht langsam einen Satz (aus). Der geschwätzige Schüler hört jetzt mit großer Aufmerksamkeit zu.

III. Grammatik

Akkusativ von Personen

Ist eine Person Akkusativobjekt, dann muß ein **a** bzw. al vorangestellt werden (al = a + el).

El alumno molesta **a** Marion.	*Der Schüler stört Marion.*
El profesor mira **al** alumno.	*Der Lehrer blickt den Schüler an.*
Marion mira **a** los profesores.	*Marion blickt die Lehrer an.*

Verneinung: Vor die Verbform wird einfach **no** gesetzt:

El profesor **no** pronuncia la palabra.	*Der Lehrer spricht das Wort nicht aus.*

2 El amigo **no** pasa las vacaciones en España. — *Der Freund verbringt die Ferien nicht in Spanien.*

Fragesatz: Einfach Subjekt und Prädikat umstellen (Inversion):

¿Pronuncia el profesor la palabra? — *Spricht der Lehrer das Wort aus?*

¿Pasan los amigos las vacaciones en Alemania? — *Verbringen die Freunde die Ferien in Deutschland?*

Zur Beachtung: Im Spanischen steht bereits **vor** dem Fragesatz ein verkehrtes Fragezeichen. Dies gilt analog für den Ausrufesatz (verkehrtes Ausrufezeichen am Anfang).

Verneinter Fragesatz:

¿No pronuncia el profesor la palabra? — *Spricht der Lehrer das Wort nicht aus?*

¿No pasan los amigos las vacaciones en España? — *Verbringen die Freunde die Ferien nicht in Spanien?*

IV. Übungen

1. Bilden Sie Sätze nach dem Muster "Marion estudia español": el profesor … las palabras; Marion … un asiento en la clase; el alumno charlatán … con mucha atención; un alumno no … atención; el profesor … la explicación.

2. Konjugieren Sie die Verben:
explicar - escuchar - pronunciar - cortar - estudiar.

3. Setzen Sie die richtige Verbform ein:
el profesor *(pronunciar)* despacio; un alumno *(no escuchar)*; los alumnos *(tomar)* apuntes; Marion *(mirar)* al profesor.

4. Lesen Sie genau:
el alumno charlatán escucha con atención - el profesor explica despacio la lección - la pronunciación resulta difícil - Marion pronuncia con lentitud y claridad.

5. Übersetzen Sie:

1. Der Student kontrolliert die Arbeit nicht. 2. Die Schülerin fragt, und der Dozent antwortet. 3. Trinkt der Chef (einen) Kaffee? 4. Eine Dame hebt die Hand, und der Kellner macht den Tisch sauber. 5. Wann kommt das Mädchen an? 6. Kauft die Frau eine Zeitung[1] oder eine Illustrierte[2]? 7. Ich mache von Woche[3] zu Woche Fortschritte. 8. Der Mechaniker[4] spricht Deutsch. 9. Die Mutter kauft das Auto[5] nicht. 10. Marion verbringt den Urlaub nicht in Spanien.

(Vokabular: [1]periódico; [2]revista; [3]semana; [4]mecánico; [5]coche)

6. Verändern Sie die Sätze der Aufgaben 4 und 5, soweit dies möglich ist:

Bejahung - Verneinung - Frageform, bejaht und verneint

V. Wortschatz

primero, -a	*primero, primera*	erster, erste, erstes
la clase	*la klase*	(Unterrichts-)Stunde; Klasse(nzimmer)
ocupar	*okupar*	einnehmen; besetzen
el asiento	*el asiento*	Sitzplatz
explicar	*esplikar*	erklären
despacio	*despaθio*	langsam
el alumno	*el alumno*	Schüler, Student
tomar	*tomar*	nehmen
los apuntes	*los apuntes*	Notizen
el cuaderno	*el kuaderno*	Heft
escuchar	*eskutschar*	zuhören
la atención	*la atenθion*	Aufmerksamkeit
la explicación	*la esplikaθion*	Erklärung
la lentitud	*la lentitud*	Langsamkeit
la claridad	*la klaridad*	Klarheit, Deutlichkeit
charlatán	*tscharlatan*	schwatzhaft, geschwätzig
prestar atención	*prestar atenθion*	aufpassen (Aufmerksamkeit leisten)
molestar	*molestar*	stören, belästigen
la risa	*la risa*	Lachen, Gelächter
cortar	*kortar*	unterbrechen
mirar	*mirar*	(an)schauen, anblicken
la frase	*la frase*	Satz
ahora	*aora*	jetzt
mucho, -a	*mutscho, mutscha*	viel

Lección 3 – Lektion 3

Mala suerte

So ein Pech!

I. Text

(Paco: *P.*, Teléfono: *T.*)

P.: ¡Rivero, al aparato!
*riƀ**e**ro al apar**a**to*

T.: ¡Buenos días! ¿Está en casa el señor Rivero?
*bu**e**nos d**i**as est**a** en k**a**sa el senj**o**r riƀ**e**ro*

P.: No, el señor Rivero no está en casa.
*no el senj**o**r riƀ**e**ro no est**a** en k**a**sa*

T.: ¿Y la señora Rivero?
*i la senj**o**ra riƀ**e**ro*

P.: La señora **de** Rivero tampoco está en casa.
*la senj**o**ra de riƀ**e**ro tamp**o**ko est**a** en k**a**sa*

T.: ¿Es usted hijo del señor Rivero?
*es ust**e**d **i**cho del senj**o**r riƀ**e**ro*

P.: Sí, soy Paco. ¿Y usted?
si soi pako i usted

T.: Soy la nueva secretaria de redacción.
soi la nueƀa sekretaria de redakθion

P.: Ah, es usted la señorita Calleja ...
a es usted la senjorita kaljecha

T.: Cecilia Calleja.
θeθilia kaljecha

P.: ¡Encantado! ¿Y usted desea ...?
enkantado i usted desea

T.: Es una información urgente.
es una imformaθion urchente

P.: Un momento, tomo nota.
un momento tomo nota

T.: ¡No es necesario! El señor Rivero llega en este momento
no es neθesario el senjor riƀero ljega en este momento

a la redacción. *(Corta)*
a la redakθion korta

P.: ¡Mala suerte!
mala suerte

II. Übersetzung

Paco[1]*:* Rivero am Apparat! (Hier Rivero!) – *Telefonstimme:* Guten Tag! Ist Herr Rivero zu Hause? – *P.:* Nein, Herr Rivero ist nicht zu Hause. – *T.:* Und Frau Rivero? – *P.:* Frau Rivero[2] ist auch nicht zu Hause. – *T.:* Sind Sie der Sohn des Herrn Rivero? – *P.:* Ja, ich bin Paco. Und Sie? – *T.:* Ich bin die neue Redaktionssekretärin. – *P.:* Ah, dann sind Sie Fräulein Calleja ... – *T.:* Cecilia Calleja. – *P.:* Sehr erfreut! Und Sie wünschen ...? – *T.:* Es ist eine dringende Mitteilung. – *P.:* Einen Augenblick, ich notiere. – *T.:* Es ist nicht notwendig! Herr Rivero kommt in diesem Augenblick in die Redaktion. *(Bricht ab)* – *P.:* So ein Pech!

[1] Paco = *Koseform von* Francisco (Franz)

[2] la señora de Rivero = Frau Rivero (*kein Adelstitel; Bedeutung:* Frau des Rivero)

III. Grammatik

Verben: Im Spanischen gibt es ferner Verben, die im Infinitiv auf **-er** (e- oder **2. Konjugation**) und **-ir** (i- oder **3. Konjugation**) enden:

Indikativ Präsens, 2. Konjugation:

vend **o**	vend **emos**	*ich verkaufe*	*wir verkaufen*
vend **es**	vend **éis**	*du verkaufst*	*ihr verkauft*
vend **e**	vend **en**	*er, sie es verkauft*	*sie verkaufen*

Indikativ Präsens, 3. Konjugation:

escrib **o**	escrib **imos**	*ich schreibe*	*wir schreiben*
escrib **es**	escrib **ís**	*du schreibst*	*ihr schreibt*
escrib **e**	escrib **en**	*er, sie es schreibt*	*sie schreiben*

Neben den Verben der vorstehend genannten Gruppen (1., 2. und 3. Konjugation) besitzt das Spanische noch zahlreiche **unregelmäßige** Verben, die jeweils separat behandelt werden müssen. Zum Beispiel:

estar **sein,** in der Bedeutung von „sich befinden" (Zustand, Aufenthalt)

estoy	estamos	*ich bin*	*wir sind*
estás	estáis	*du bist*	*ihr seid*
está	están	*er, sie, es ist*	*sie sind*

Estamos en España.	*Wir sind in Spanien.*
¿Cómo está Ud.? Estoy bien.	*Wie geht es Ihnen? Es geht mir gut (Ich fühle mich wohl)*
La calle está tranquila.	*Die Straße ist ruhig (nachts).*
El amigo está intranquilo.	*Der Freund ist beunruhigt.*
Estoy en casa.	*Ich bin zu Hause.*
La vida está cara.	*Das Leben ist teuer.*
La comida está lista.	*Das Essen ist fertig.*

ser **sein** = dem Wesen nach sein (Zugehörigkeit, Berufs-, Zeitangaben usw.)

soy	somos	*ich bin*	*wir sind*
eres	sois	*du bist*	*ihr seid*
es	son	*er, sie, es ist*	*sie sind*

Ud. es muy joven.	*Sie sind sehr jung.*
Juan es profesor.	*Hans ist Lehrer.*
¿Qué hora es?	*Wie spät ist es? (welche Stunde)*
Hoy es lunes.	*Heute ist Montag.*
¿Eres amigo de Pedro?	*Bist du Peters Freund?*
Soy Paco.	*Ich bin Paco.*

Pronomen (Nominativ)

yo	**tú**	**él**	**ella**	**Ud.** (usted)	**ello**	**nosotros** **nosotras**	**vosotros** **vosotras**	**ellos** **ellas**	**Uds.** (ustedes)
ich	*du*	*er*	*sie*	*Sie*	*es*	*wir*	*ihr*	*sie*	*Sie*

Die Höflichkeitsform der 3. Person *(Sie)* lautet: Ud., auch U., V., Vd. geschrieben, aber "usté" gesprochen; Plural: ustedes = Uds., Vds. Die Form ist entstanden aus v**uest**ra merce**d** = Euer Gnaden.

Beispiele für die Verwendung der Fürwörter:
Yo pregunto, pero ella no contesta.
***Ich** frage, aber **sie** antwortet nicht.*

Nosotros trabajamos, pero vosotros tomáis café.
***Wir** arbeiten, aber **ihr** trinkt Kaffee.*

IV. Übungen

1. Antworten Sie:
¿Está en casa el Sr. Rivero? / ¿Llama[1] la secretaria? / ¿Contesta la señora de Rivero? / ¿Toma nota Paco? / ¿Es Paco hijo del Sr. Rivero? / ¿Desea la secretaria hablar con Paco?

[1] *anrufen*

2. Setzen Sie die richtige Verbform ein:
El Sr. Rivero no *(estar)* en casa / Paco *(ser)* hijo del Sr. Rivero / ¿*(Ser)* usted la señorita Calleja? / Sí, *(ser)* la secretaria de redacción / ¿*(Estar)* en casa la señora de Rivero? / La vida *(estar)* cara / Jaime *(ser)* el novio de Adela / Adela *(estudiar)* magisterio / Los padres y los hijos *(formar)* una familia corriente / Manolo *(trabajar)* en un banco. (Vgl. Lektion 4 V.)

3. Setzen Sie den bestimmten Artikel ein:
… secretaria; … información; … momento; Paco es hijo … Sr. Rivero; … redacción; … suerte; … señorita.

4. Übersetzen Sie ins Deutsche:
Los señores Rivero venden el aparato. Tú trabajas, pero él está en casa. La redacción necesita una información urgente. Ahora la secretaria está tranquila. Tampoco estamos listos. ¿Estáis en la redacción? No, estamos en la casa del Sr. Rivero. Pablo es amigo de Paco. Cecilia es muy joven, pero escribe todas las cartas[1] de la redacción.

[1] *Briefe*

5. Übersetzen Sie ins Spanische:
Paco und die Freundin sind nicht zu Hause. Ich bin auch nicht zu Hause. Frau Rivero ist die Gattin von Herrn Rivero. Paco ist der Sohn von Herrn und Frau Rivero. Wir sind die neuen Redaktionssekretärinnen. Schreiben Sie eine dringende Mitteilung? Ihr macht Notizen. Es ist nicht notwendig, in die Redaktion zu kommen. Frl. Calleja wünscht eine Information vom Sohn von Herrn Rivero.

V. Wortschatz

malo, -a	*malo*	schlecht(e)
la suerte	*la suerte*	Glück; Schicksal
mala suerte	*mala suerte*	Pech
el teléfono	*el telefono*	Telefon
el aparato	*el aparato*	Gerät, Apparat
al aparato	*al aparato*	am Apparat
bueno, -a	*bueno*	gut(e)
el día	*el dia*	Tag

¡buenos días!		guten Tag!, guten Morgen!
la casa	*la k**a**sa*	Haus
en casa	*en k**a**sa*	zu Hause
el señor R.	*el senj**o**r*	Herr R. *(im Sp. mit*
la señora R.	*la senj**o**ra*	Frau R. *Artikel!)*
tampoco	*tamp**o**ko*	auch nicht (no *entfällt*)
el hijo	*el **i**cho*	Sohn; Kind
sí	*si*	ja (si = wenn, ob)
nuevo, -a	*nu**e**bo*	neu(e)
la secretaria	*la sekret**a**ria*	Sekretärin
la redacción	*la redakθi**o**n*	Redaktion
a la redacción		zur/in die Redaktion
¡encantado!	*enkant**a**do*	sehr angenehm! sehr erfreut!
la información	*la imformaθi**o**n*	Information, Mitteilung
urgente	*urch**e**nte*	eilig, dringend
la nota	*la n**o**ta*	Notiz
tomar nota		aufzeichnen, notieren
necesario, -a	*neθes**a**rio*	notwendig
llegar	*ljeg**a**r*	ankommen
este, -a, -o	***e**ste*	dieser, diese, dieses
cortar	*kort**a**r*	abbrechen
contestar	*kontest**a**r*	(be)antworten

Lección 4 – Lektion 4

La familia Rivero

Die Familie Rivero

I. Text

Don Antonio Rivero es redactor de un importante periódico;
don antonio riƀero es redaktor de un importante periodiko

doña Julia, esposa de don Antonio, es maestra, pero no ejerce;
donja chulia esposa de don antonio es maestra pero no ech erθe

ahora es solamente ama de casa. Los hijos de la familia Rivero
aora es solamente ama de kasa los ichos de la familia riƀero

son Manolo, Adela y Paco. Manolo trabaja en un banco y
son manolo adela i pako manolo traƀacha en um banko i

estudia comercio. Adela estudia magisterio. Paco cursa el
estudia komerθio adela estudia machisterio pako kursa el

bachillerato. Los padres y los hijos forman una familia corriente,
ƀatschiljerato los padres i los ichosforman una familia korriente

con los problemas y preocupaciones, alegrías y penas de la clase
kon los proƀlemas i preokupaθiones alegrias i penas de la klase

media española.
media espanjola

El sueldo del Sr. Rivero no es muy elevado, pero la madre es
el sueldo del senjor riƀero no es mui eleƀado pero la madre es

una buena administradora, y como viven en un piso propio, el
una buena administradora i komo ƀiƀen en um piso propio el

dinero cubre las necesidades corrientes. Los gastos extra ocasio-
dinero kuƀre las neθesidades korrientes los gastos extra okasio

nan dificultades, pues la vida está muy cara.
nan difikultades pues la ƀida esta mui kara

En la familia Rivero hay dos personas que casi son de casa:
en la familia riƀero ai dos personas ke kasi son de kasa

Jaime y Marion. Jaime es el novio de Adela; Marion es una
chaime i marion chaime es el noƀio de adela marion es una

muchacha alemana, amiga inseparable de Manolo. ¡Sin olvidar
mutschatscha alemana amiga inseparaƀle de manolo sin olƀidar

a tía Concha y a tío Pepe, dos "tíos" muy originales …
a tia kontscha i a tio pepe dos tios mui orichinales

II. Übersetzung

(Herr) Antonio Rivero ist Redakteur einer bedeutenden (Tages-) Zeitung; Frau Julia, Antonios Gattin, ist Lehrerin, aber sie übt den Beruf nicht aus; jetzt ist sie nur Hausfrau. Die Kinder der Familie Rivero sind Manolo[1], Adela und Paco. Manolo arbeitet in einer Bank und studiert Betriebswirtschaft. Adela studiert das Lehramt. Paco besucht das Gymnasium. Die Eltern und die Kinder bilden eine Durchschnittsfamilie mit den Problemen und Sorgen, Freuden und Leiden des spanischen Mittelstands.
Das Gehalt des Herrn Rivero ist nicht sehr hoch, aber die Mutter ist eine gute Verwalterin, und da sie in einer Eigentumswohnung leben, deckt das Geld die üblichen Bedürfnisse. Die Extraausgaben bereiten Schwierigkeiten, denn das Leben ist sehr teuer.

4 In der Familie Rivero gibt es zwei Personen, die fast zur Familie (zum Haus) gehören: Jaime[2] und Marion. Jaime ist Adelas Verlobter; Marion ist ein deutsches Mädchen, die unzertrennliche Freundin von Manolo. Nicht zu vergessen Tante Concha[3] und Onkel Pepe[4], zwei Originale ... (zwei originelle Typen).

[1] *Koseform von* Manuel; [2] Jakob; [3] *Koseform von* Concepción (Mariä Empfängnis); [4] *Kurzform von* José (Josef).

III. Grammatik

Genus der Substantive: Viele enden auf -o, -r und -n und sind meistens **männlich:**

el libro	*das Buch*	el avión	*das Flugzeug*
el director	*der Direktor*		

Die auf **-a** endenden Substantive sind meistens **weiblich,** ebenso die auf -d und -ión endenden:

la escuela	*die Schule*	la claridad	*die Klarheit*
la doctora	*die Ärztin*	la situación	*die Situation*
la lentitud	*die Langsamkeit*		

Ausnahmen:

el problema	*das Problem*	el tranvía	*die Straßenbahn*
el tema	*das Thema*		usw.
el mapa	*die Landkarte*	la mano	*die Hand*

Das natürliche Geschlecht ist maßgebend: la mujer *die Frau.*

Die unpersönliche Verbform hay *es gibt, da ist, da sind* findet man sehr häufig, z.B.:

hay mucha gente	*es gibt viele Leute*
no hay dinero	*es ist kein Geld vorhanden*
en la familia hay dos personas	*in der Familie sind zwei Personen*
hoy no hay función	*heute keine Vorstellung*

Unterschied beachten:

aquí **hay un** libro	*hier gibt es ein Buch* (unbest.!)
¿Dónde **está el** libro?	*Wo ist das Buch?* (bestimmt)

IV. Übungen

1. Bilden Sie Sätze nach dem Muster "Manolo trabaja en un banco" *und übersetzen Sie ins Deutsche:*
Doña Julia es maestra, pero no ... / Los señores Rivero y sus hijos ... en un piso propio / Marion ... alemana / La vida ... cara / En la familia Rivero ... dos personas casi de casa / Paco ... el bachillerato / Los gastos extra ... quebraderos de cabeza[1] / El dinero ... las necesidades corrientes.

[1] *Kopfzerbrechen*

2. Konjugieren Sie:
trabajar en casa / estudiar bachillerato / vivir en piso propio / ocasionar quebraderos de cabeza / no olvidar las preocupaciones / ejercer la profesión. (*1. Pers. Präs.:* Ejer**z**o!)

3. Lesen Sie laut:
muchacha alemana – un tío original – el redactor del periódico – las necesidades corrientes – estudiar comercio y magisterio.

4. Setzen Sie den bestimmten und unbestimmten Artikel:
... muchacha; ... novio; ... sueldo; ... tíos; ... gastos; ... necesidades; ... problemas; ... hijos; ... familia; ... ama de casa; ... redactor; ... redacción; ... personas.

5. Übersetzen Sie:
Adela ist kein deutsches Mädchen; sie ist Spanierin *(española)* und lebt bei *(con)* ihrer Familie. Die Mutter, der Vater und die Söhne und Töchter bilden eine Durchschnittsfamilie des spanischen Mittelstandes. Maria ist Lehrerin und das Gehalt ist nicht hoch. Es gibt Schwierigkeiten, denn das Leben in Madrid ist teuer. Der Onkel und die Tante wohnen auch in der Eigentumswohnung. Die Kinder wollen das Gymnasium besuchen. Herr R.

4

ist der Verwalter des Geldes der Familie. Manolo studiert die Schwierigkeiten des Lebens. Adela und der Verlobte Jaime sind unzertrennlich.

V. Wortschatz

la familia	*la familia*	Familie
don, doña	*don, donja*	Herr, Frau *(+ Vorname)*
el redactor	*redaktor*	Redakteur
importante	*importante*	bedeutend, wichtig
el periódico	*el periodiko*	Zeitung
la esposa	*la esposa*	Ehefrau, Gattin
la maestra	*la maestra*	Lehrerin *(Grundschule!)*
pero	*pero*	aber
ejercer	*echerθer*	ausüben *(Beruf)*
solamente	*solamente*	nur
el ama de casa *(feminin!)*	*el ama de kasa*	Hausfrau
los hijos	*los ichos*	Kinder
trabajar	*traƀachar*	arbeiten
el banco	*el banko*	Bank
el comercio	*el komerθio*	der Handel *hier:* Betriebswirtschaft
el magisterio	*el machisterio*	Lehrerstudium, Lehramt *(Grundschule)*
cursar	*kursar*	studieren, *hier:* besuchen
el bachillerato	*el ƀatschiljerato*	Gymnasium (Abiturkurse)
el padre	*el padre*	Vater
los padres	*los padres*	Eltern
formar	*formar*	bilden
corriente	*korriente*	üblich, *hier:* Durchschnitts…
el problema	*el proƀlema*	Problem
la preocupación	*la preokupaθion*	Sorge
la alegría	*la alegria*	Freude
la pena	*la pena*	Leid, Mühe
la clase media	*la klase media*	Mittelstand, -klasse
el sueldo	*el sueldo*	Gehalt
elevado, -a	*eleƀado*	hoch
la madre	*la madre*	Mutter
el administrador	*el administrador*	Verwalter
como	*komo*	da, weil
vivir	*biƀir*	leben, wohnen
el piso	*el piso*	(Etagen-)Wohnung

propio, -a	*pr**o**pio*	eigen
el dinero	*el din**e**ro*	Geld
cubrir	*cuƀr**i**r*	decken
la necesidad	*la neθesid**a**d*	Not(wendigkeit), Bedarf, Bedürfnis
el gasto	*el g**a**sto*	Ausgabe
extra	***e**xtra*	außergewöhnlich, außerordentlich
ocasionar	*okasion**a**r*	verursachen, bereiten
la dificultad	*la difikult**a**d*	Schwierigkeit
pues	*pu**e**s*	denn
la vida	*la ƀ**i**da*	Leben
caro, -a	*k**a**ro*	teuer
la persona	*la pers**o**na*	Person
casi	*k**a**si*	fast
el novio	*el n**o**ƀio*	Freund; Bräutigam, Verlobter
alemán	*alem**a**n*	deutsch
inseparable	*insepar**a**ƀle*	untrennbar, unzertrennlich
sin	*s**i**n*	ohne
olvidar	*olƀid**a**r*	vergessen
tío, -a	*t**i**o*	Onkel, Tante; Type
dos	*d**o**s*	zwei
original	*orichin**a**l*	originell

Lección 5 – Lektion 5

En la plaza

Auf dem Markt

I. Text

Doña Julia no necesita caminar mucho para realizar las
donja chulia no neθesita kaminar mutscho para realiθar las

compras diarias; cerca de casa está el mercado del barrio,
kompras diarias θerka de kasa esta el merkado del barrio

donde hay de todo: pan, carne, huevos, leche, pescado, verdura,
donde ai de todo pan karne uebos letsche peskado berdura

fruta ...
fruta

(Vendedora: *V.*, Da. Julia: *J*)

V.: Buenos días, doña Julia, ¿qué tal está?
buenos dias donja chulia ke tal esta

J.: Gracias; ¿y usted? ¿Mucho movimiento?
graθias i usted mutscho mobimiento

V.: Como siempre; hoy es lunes, y la plaza está algo más tran-
komo siempre oi es lunes i la plaθa esta algo mas tran

quila; además, estamos a fin de mes ... ¿Qué desea hoy?
kila ademas estamos a fin de mes ke desea oi

J.: Un kilo de tomates; son duros, ¿verdad? Son para ensalada.
un kilo de tomates son duros berdad son para ensalada

V.: Sí, son duros; están verdes todavía, pero ya están maduros.
si son duros estam berdes todabia pero ja estan maduros

¿Algo más? ¿Unos pimientos? Los verdes son muy buenos.
algo mas unos pimientos los berdes son mui buenos

J.: Sí, pero rojos, no verdes. En casa son así: creen que los
si pero rochos no berdes en kasa son asi kreen ke los

verdes todavía no están maduros.
berdes todabia no estan maduros

Doña Julia aprovecha la compra para charlar un rato con
donja chulia aprobetscha la kompra para tscharlar un rato kon

las vecinas de la calle; es el único descanso en toda la mañana,
las beθinas de la kalje es el unico deskanso en toda la manjana

porque en casa hay mucho trabajo y a mediodía todos tienen
porke en kasa ai mutscho trabacho i a mediodia todos tienen

hambre y la comida debe estar a punto.
ambre i la komida debe estar a punto

II. Übersetzung

Frau Julia braucht nicht lange/weit zu gehen, um ihre täglichen Einkäufe zu tätigen; in der Nähe des Hauses ist der Markt des Stadtteils, wo es von allem gibt: Brot, Fleisch, Eier, Milch, Fisch, Gemüse, Obst ...

Verkäuferin: Guten Tag, Frau Julia. Wie geht's? – *Frau Julia:* Danke. Und Ihnen? Viel los heute? – *V.:* Wie immer; heute ist

Montag, und der Markt ist etwas ruhiger; außerdem sind wir am Ende des Monats … Was möchten Sie heute? – *J.:* Ein Kilo Tomaten. Sie sind fest, nicht wahr? Sie sind für einen Salat. – *V.:* Ja, sie sind fest. Und sie sind noch grün, aber sie sind schon reif. Noch etwas? Einige Paprikaschoten? Die grünen sind sehr gut. – *J.:* Ja, aber rote, keine grünen. Zu Hause (meine Leute) sind sie so: Sie glauben, daß die grünen noch nicht reif sind.

Frau Julia nutzt den Einkauf, um ein Weilchen mit den Bewohnerinnen der Straße zu plaudern; es ist die einzige Ruhepause während des ganzen Vormittags, denn zu Hause gibt es viel Arbeit, und mittags haben alle Hunger und das Essen muß fertig sein.

III. Grammatik

Reflexive Verben

lavarse *sich waschen*			
me lavo	**nos** lavamos	*ich wasche* ***mich***	*wir waschen* ***uns***
te lavas	**os** laváis	*du wäschst* ***dich***	*ihr wascht* ***euch***
se lava	**se** lavan	*er/sie/es wäscht* ***sich***	*sie waschen* ***sich***
comprometerse *sich verpflichten*			
me comprometo	nos comprometemos	*ich verpflichte mich*	*wir verpflichten uns*
te comprometes	os comprometéis	*du verpflichtest dich*	*ihr verpflichtet euch*
se compromete	se comprometen	*er/sie/es verpflichtet sich*	*sie verpflichten sich*
aburrirse *sich langweilen*			
me aburro	nos aburrimos	*ich langweile mich*	*wir langweilen uns*
te aburres	os aburrís	*du langweilst dich*	*ihr langweilt euch*
se aburre	se aburren	*er/sie/es langweilt sich*	*sie langweilen sich*

se bedeutet auch **"man"**:

En España se habla español. *In Spanien spricht man Spanisch.*

Beim reflexiven Verb wird deshalb **uno** (= man) verwendet:

Uno se acostumbra a todo. *Man gewöhnt sich an alles.*

Unregelmäßiges Verb tener *haben/besitzen*

tengo	tenemos	*ich habe*	*wir haben*	(nicht als
tienes	tenéis	*du hast*	*ihr habt*	Hilfszeitwort
tiene	tienen	*er/sie/es hat*	*sie haben*	verwenden!)

Tengo un yate estupendo. *Ich habe eine tolle Jacht.*
Ella tiene dos perros. *Sie hat zwei Hunde.*
¿Tiene Ud. tiempo? *Haben Sie Zeit?*

Deklination der Substantive
(N = Nominativ, G = Genitiv, D = Dativ, A = Akkusativ)

N	el momento	los momentos	*der Augenblick*	*die -e*
G	**del** momento	de los momentos	*des Augenblicks*	*der -e*
D	**al** momento	a los momentos	*dem Augenblick*	*den -en*
A	el momento	los momentos	*den Augenblick*	*die -e*

de + el = del; a + el = al (Verschmelzung von Präposition und Artikel!)

N	la casa	las casas	*das Haus*	*die Häuser*
G	de la casa	de las casas	*des Hauses*	*der Häuser*
D	a la casa	a las casas	*dem Haus*	*den Häusern*
A	la casa	las casas	*das Haus*	*die Häuser*

Beim femininen Substantiv **keine** Verschmelzung: de la casa, a la casa.

Zur Wiederholung (s. auch Lektion 2): Bei Personen auch im Akkusativ mit vorangestellter Präposition **a:**

Saludas **a** Marion.	*Du grüßt Marion.*
Saludamos **al** amigo.	*Wir grüßen den Freund.*
Llamáis (por teléfono) **a** las amigas.	*Ihr ruft die Freundinnen an.*

IV. Übungen

1. Bilden Sie den Plural:
la compra; la plaza; el tomate; el pimiento; la vecina; la calle; el mes; la casa; el mercado; la redacción; el redactor; la información.

2. Setzen Sie das passende Verb ein:
Los tomates … maduros. Los pimientos … para ensalada. El mercado … cerca. Hoy … lunes. La plaza … tranquila. La comida … a punto.

3. Antworten Sie auf spanisch und übersetzen Sie:
¿Está cerca el mercado? / ¿Necesita caminar mucho doña Julia para realizar las compras? / ¿Qué hay en el mercado? / ¿Está la plaza tranquila? / ¿Cómo son los tomates? / ¿Para qué son los tomates? / ¿Está a punto la comida? / ¿Hay mucho movimiento en la plaza? / ¿Saluda la vendedora a doña Julia?

4. Bilden Sie die richtige Verbform und übersetzen Sie:
Doña Julia *(tener)* mucho trabajo / Los tomates *(ser)* duros / A mediodía todos *(tener)* hambre / El ama de casa *(charlar)* con las vecinas / El mercado *(estar)* cerca / La comida *(estar)* a punto. Yo no *(necesitar)* caminar mucho para *(realizar)* las compras. *(Estar)* a fin de mes. Las señoras *(aprovechar)* la compra para charlar. Juan *(lavarse)* la cara y las manos.

5. Übersetzen Sie ins Spanische:
Die Hausfrau will ein Weilchen plaudern. Jaime wäscht sich mittags. Er langweilt sich immer. Frau Rivero nutzt die einzige Pause, um mit der Nachbarin zu sprechen.
Auf dem Markt verkauft die Verkäuferin Eier, Brot, Fleisch, Fisch und Blumen *(flor)*. In Madrid und Sevilla spricht man Spanisch. Die grünen Paprikaschoten sind nicht billig *(barato)*.

Die Nachbarinnen sprechen wenig *(poco)*; es gibt viel Arbeit, und die Herren haben Hunger. Frau Julia (be)grüßt die Verkäuferin.

V. Wortschatz

la plaza	*la pl**a**θa*	(Markt-)Platz
necesitar	*neθesit**a**r*	brauchen
caminar	*kamin**a**r*	laufen, gehen
mucho *(Adv.)*	*m**u**tscho*	viel
realizar	*realiθ**a**r*	erledigen, tätigen
la compra	*la k**o**mpra*	Einkauf
diario, -a	*di**a**rio*	täglich
cerca de	*θ**e**rka*	nah(e) bei
el mercado	*el merk**a**do*	Markt
el barrio	*el ƀ**a**rrio*	Stadtviertel
donde	*d**o**nde*	wo
de todo	*de t**o**do*	von allem
el pan	*el p**a**n*	Brot
la carne	*la k**a**rne*	Fleisch
el huevo	*el u**e**ƀo*	Ei
la leche	*la l**e**tsche*	Milch
el pescado	*el pesk**a**do*	Fisch
la verdura	*la ƀerd**u**ra*	Gemüse
la fruta	*la fr**u**ta*	Obst
la vendedora	*la ƀended**o**ra*	Verkäuferin
qué tal	*ke tal*	wie geht's
gracias	*gr**a**θias*	danke
mucho, -a *(Adj.)*	*m**u**tscho*	viel
el movimiento	*el moƀimi**e**nto*	Bewegung
como	*k**o**mo*	wie
siempre	*si**e**mpre*	immer
hoy	***o**i*	heute
el lunes	*el l**u**nes*	Montag
algo	***a**lgo*	etwas
más	*mas*	mehr
tranquilo, -a	*trank**i**lo*	ruhig (*Kompar.:* más tranquilo ruhiger)
además	*adem**a**s*	außerdem
el fin	*el fin*	Ende
a fin de		am Ende von
el mes	*el mes*	Monat
¿qué?	*ke*	was?

5

el tomate	*el tom**a**te*	Tomate
duro, -a	*d**u**ro*	hart, (schnitt-)fest
la verdad	*la ƀerd**a**d*	Wahrheit
¿verdad?	*berd**a**d*	nicht wahr?
la ensalada	*la ensal**a**da*	Salat
verde	*b**e**rde*	grün, nicht reif
todavía	*todaƀ**i**a*	noch
maduro, -a	*mad**u**ro*	reif
el pimiento	*el pimi**e**nto*	Paprikaschote
rojo, -a	*r**o**cho*	rot
así	*as**i***	so *(nicht beim Adj.!)*
creer	*kre**e**r*	glauben
aprovechar	*aproƀetsch**a**r*	benützen, nutzen
charlar	*tscharl**a**r*	plaudern
el rato	*el r**a**to*	Weile, Weilchen
el vecino	*el ƀeθ**i**no*	Nachbar, Bewohner
la calle	*la k**a**lje*	Straße
único, -a	***u**niko*	einzig
el descanso	*el desk**a**nso*	Pause
la mañana	*la manj**a**na*	Morgen, Vormittag
porque	*p**o**rke*	weil, denn
el trabajo	*el traƀ**a**cho*	Arbeit
a mediodía	*a mediod**i**a*	mittags
el hambre *(feminin!)*	*el **a**mbre*	Hunger
la comida	*la kom**i**da*	Essen
deber	*deƀ**e**r*	müssen, sollen
a punto	*a p**u**nto*	bereit, fertig

Lección 6 – Lektion 6

Profesión: sus labores

Beruf: Hausfrau

I. Text

Los días de la semana pasan con una monotonía implacable
los dias de la semana pasan kon una monotonia implakaƀle

para doña Julia. De lunes a sábado, el reglamento es siempre
para donja chulia de lunes a saƀado el reglamento es siempre

igual: limpiar y ordenar la casa, comprar en la plaza, lavar y
igual limpiar i ordenar la kasa komprar en la plaθa laƀar i

planchar la ropa, preparar las comidas. Como para todas las
plantschar la ropa preparar las komidas komo para todas las

amas de casa, las labores forman parte integrante de la vida, y
amas de kasa las laƀores forman parte integrante de la ƀida i

en la familia, la plena dedicación de la madre resulta una cosa
en la familia la plena dedikaθion de la madre resulta una kosa

natural. Doña Julia no tiene tiempo para aburrirse; como los
natural donja chulia no tiene tiempo para aƀurrirse komo los

ingresos normales no bastan para los gastos extraordinarios,
ingresos normales no ƀastan para los gastos estraordinarios

dedica los escasos momentos libres que tiene para aumentar el
dedika los eskasos momentos liƀres ke tiene para aumentar el

dinero de la caja familiar con trabajos de costura para una
dinero de la kacha familiar kon traƀachos de kostura para una

pequeña clientela.
pekenja klientela

II. Übersetzung

Die Tage der Woche vergehen mit einer unerbittlichen Monotonie für Frau Julia. Von Montag bis Samstag ist die Tagesordnung immer gleich: das Haus reinigen und aufräumen, auf dem Markt einkaufen, die Wäsche waschen und bügeln, die Mahlzeiten zubereiten. Wie für alle Hausfrauen bilden die Hausarbeiten einen wesentlichen Teil des Lebens, und in der Familie ist die volle Hingabe der Mutter eine natürliche Sache. Frau Julia hat keine Zeit, um sich zu langweilen; da die Normaleinkünfte nicht für die außergewöhnlichen Ausgaben reichen, verwendet (widmet) sie die knappen freien Augenblicke, die sie hat, um das Geld (in) der Familienkasse mit Näharbeiten für einen kleinen Kundenkreis zu vermehren.

III. Grammatik

Pluralbildung der Substantive (bereits kurz in Lektion 1 angeschnitten):

Wörter, die auf (unbetonten) **Vokal** enden, hängen **-s** an:

el amigo	los amigos	*der Freund*	*die Freunde*
la casa	las casas	*das Haus*	*die Häuser*
el perro	los perros	*der Hund*	*die Hunde*

Wörter, die auf **Konsonant** enden, hängen im allgemeinen **-es** an:

la mujer	las mujeres	*die Frau*	*die Frauen*
el avión	los aviones	*das Flugzeug*	*die Flugzeuge*
el mes	los meses	*der Monat*	*die Monate*
la luz	las luces	*das Licht*	*die Lichter*
(zur Beachtung: z im Singular wird zu -ces!)			
el lápiz	los lápices	*der Bleistift*	*die Bleistifte*

Ausnahmen: zwei- oder mehrsilbige Wörter, die auf -s enden, bleiben im Plural unverändert.

el lunes	los lunes	*der Montag*	*die Montage*
el análisis	los análisis	*die Analyse*	*die Analysen*

Diese Regeln gelten auch für **Adjektive:**

un momento libre *ein freier Augenblick*	unos momentos libres *einige freie Augenblicke*
una tarea fácil *eine leichte Aufgabe*	tareas fáciles *leichte Aufgaben*

Interrogativpronomen: Für die Konversation wichtig sind einige Fragefürwörter, die kurz erwähnt werden sollen:

¿qué?	*was, was für ein, welcher/e/es?*	¿por qué?	*wieso, warum?*
¿quién?	*wer?*	¿para qué?	*wozu, wofür?*
¿cómo?	*wie?*	¿cuándo?	*wann?*

IV. Übungen

1. Konjugieren Sie:
lavar la ropa; no tener tiempo; aumentar el dinero; no ordenar la casa; preparar las comidas; aburrirse mucho.

6

2. Antworten Sie auf spanisch:

¿Cómo pasan los días de la semana? – ¿Qué compra doña Julia en el mercado? – ¿Tiene tiempo para aburrirse? – ¿Dónde compra doña Julia? – ¿Está cerca el mercado? – ¿Son grandes los ingresos de la familia? – ¿Bastan para gastos extraordinarios?

3. Bilden Sie die Mehrzahl und übersetzen Sie:

la semana – una clientela – la mujer – el pimiento verde – el tomate rojo – la ensalada es muy buena – el barrio de la ciudad – el vendedor – el momento libre – una familia corriente – el trabajo diario – la caja familiar – el lunes y el sábado – el ingreso normal – el mes – el fin.

4. Übersetzen Sie ins Spanische:

Für die Hausfrau ist die Woche eine unerbittliche Monotonie. Die Frauen reinigen die Häuser, kochen die Mahlzeiten und kaufen auf dem Markt ein. Die Normaleinkünfte reichen aus, um Fleisch, Milch, Gemüse und Brot zu kaufen. Wir verwenden *(widmen)* die knappen Augenblicke, die wir haben, um mit kleinen Reparaturarbeiten *(… de reparación)* die Familienkasse aufzubessern *(vermehren)*. Die Arbeit ist Bestandteil des Lebens. Von Montag bis Samstag widmen wir uns *(dedicarse a)* der Arbeit. Warum bereitet die Hausfrau heute nicht das Essen zu?

V. Wortschatz

la profesión	*la profesi**o**n*	Beruf
la labor	*la laƀ**o**r*	Arbeit, Hausarbeit
sus labores	*sus laƀ**o**res*	*wörtlich:* ihre Arbeiten = Hausfrau
la semana	*la sem**a**na*	Woche
pasar	*pas**a**r*	vergehen
la monotonía	*la monoton**i**a*	Monotonie
implacable	*implak**a**ƀle*	unerbittlich
el sábado	*el s**a**ƀado*	Samstag, Sonnabend
el reglamento	*el reglam**e**nto*	Tagesordnung, Ablauf
igual	*igu**a**l*	gleich
limpiar	*limpi**a**r*	putzen, reinigen
ordenar	*orden**a**r*	ordnen, aufräumen
comprar	*kompr**a**r*	einkaufen
lavar	*laƀ**a**r*	waschen

planchar	*plantsch**a**r*	bügeln
la ropa	*la r**o**pa*	Wäsche
preparar	*prepar**a**r*	zubereiten
la parte	*la p**a**rte*	Teil
integrante	*integr**a**nte*	wesentlich
parte integrante	*p**a**rte integr**a**nte*	Bestandteil
pleno, -a	*pl**e**no*	voll
la dedicación	*la dedikaθi**o**n*	Widmung, Hingabe, Einsatz
la cosa	*la k**o**sa*	Sache
natural	*natur**a**l*	selbstverständlich
una cosa natural	***u**na k**o**sa natur**a**l*	eine Selbstverständlichkeit
el tiempo	*el ti**e**mpo*	Zeit
aburrirse	*aburr**i**rse*	sich langweilen
los ingresos	*los ingr**e**sos*	Einkünfte
normal	*norm**a**l*	normal
bastar	*bast**a**r*	reichen
extraordinario	*estraordin**a**rio*	außergewöhnlich
dedicar	*dedik**a**r*	widmen, *hier:* verwenden
escaso	*esk**a**so*	knapp
el momento	*el mom**e**nto*	Moment
libre	*l**i**bre*	frei
aumentar	*aument**a**r*	erhöhen, vermehren
la caja	*la k**a**cha*	Kasse
la costura	*la kost**u**ra*	Näharbeit, Schneidern
pequeño, -a	*pek**e**njo*	klein
la clientela	*la klient**e**la*	Kundschaft, Kundenkreis

Lección 7 – Lektion 7

Una llamada urgente

Ein dringender Anruf

I. Text

Llama tía Concha; quiere discutir con Manolo un urgente
ljama tia kontscha kiere diskutir kon manolo un urchente

problema. Manolo es el experto automovilístico de la familia, y
problema manolo es el esperto automobilistiko de la familia i

ayuda siempre que es posible ayudar.
ajuda siempre ke es posible ajudar

(Tía Concha: *C.*, Adela: *A.*)

C.: ¡Buenas tardes, Adela! ¿Está Manolo en casa?
buenas tardes adela esta manolo en kasa

A.: No, Manolo no está en casa. Hoy llega algo tarde, tiene
no manolo no esta en kasa oi ljega algo tarde tiene

clase después del trabajo; está bastante ocupado, el pobre;
klase despues del traƀacho esta ƀastante okupado el poƀre

tiene pronto los exámenes.
tiene pronto los examenes

C.: Pues nosotros estamos también bastante ocupados.
pues nosotros estamos tambiem bastante okupados

A.: ¿Vosotros ocupados? ¿Qué pasa, tía Concha?
bosotros okupados ke pasa tia kontscha

C.: Un accidente. Tío Pepe está detenido en la comisaría.
un akθidente tio pepe esta detenido en la komisaria

A.: ¿Tío Pepe detenido por la policía? ¿Por qué?
tio pepe detenido por la poliθia por ke

C.: ¡Por pasar un semáforo rojo! Ya sabes cómo es tío Pepe.
por pasar un semaforo rocho ja saƀes komo es tio pepe

A.: ¿Pero sólo por pasar un semáforo rojo ...?
pero solo por pasar un semaforo rocho

C.: Es que hay víctima, Adelita.
es ke ai ƀiktima adelita

A.: ¿Accidente con víctima? Tía Concha, por favor, la víctima
akθidente kom biktima tia kontscha por faƀor la ƀiktima

vive, ¿no?
ƀiƀe no

C.: ¡Pues claro! ¡Qué pesimista eres!
pues klaro ke pesimista eres

A.: ¡Pobre tío Pepe!
poƀre tio pepe

II. Übersetzung

Tante Concha ruft an; sie will mit Manolo (über) ein dringendes Problem diskutieren. Manolo ist der Autofachmann der Familie und hilft immer, wenn es möglich ist zu helfen.

C.: Guten Tag, Adela! Ist Manolo zu Hause? – *A.:* Nein, Manolo ist nicht zu Hause. Heute kommt er etwas später, er hat nach der Arbeit Unterricht; der Arme ist ziemlich beschäftigt; er hat bald Prüfungen. – *C.:* Also, wir sind auch ziemlich beschäftigt (besorgt). – *A.:* Ihr beschäftigt? Was ist los, Tante Concha? – *C.:* Ein Unfall. Onkel Pepe ist auf dem Polizeirevier verhaftet. – *A.:* Onkel Pepe von der Polizei festgenommen? Wieso? – *C.:* Weil er bei Rotlicht weitergefahren ist! Du weißt ja, wie Onkel Pepe ist. – *A.:* Aber nur weil er bei Rotlicht weitergefahren ist…? – *C.:* Es gibt nämlich (dabei) ein Opfer, liebe Adela! – *A.:* Einen Unfall mit Opfer? Tante Concha, bitte, das Opfer lebt (doch)? Nicht wahr? – *C.:* Aber natürlich! Wie pessimistisch du bist! – *A.:* Der arme Onkel Pepe!

III. Grammatik

Adjektive

Die meisten Adjektive sind **zweiendig,** d. h. sie haben auch eine **feminine** Endung (auf **-a**):

nuevo – nuev**a** | español – españo l**a**

antiguo – antigu**a** *(alt)*

Regel: alle auf -o, -dor, -ón, -án endenden Adjektive enden in der femininen Form auf **-a**; ferner die meisten Länder- und Städteadjektive:

madrileño – madrileñ**a**	*(Madrider)*
cordobés – cordobes**a**	*(aus Córdoba)*

Einige Adjektive sind **einendig,** d. h. maskuline und feminine Form sind gleich:

constante	*konstant*	común	*gemeinsam*
pesimista	*pessimistisch*	exterior	*äußerlich*
azul	*blau*	ejemplar	*beispielhaft* usw.

Regel: alle auf -e, -a, -ista, -ior, -ar, -tal, -z endenden Adjektive haben **keine** eigene feminine Endung (fem. = mask.).

Ausnahmen sind jedoch möglich, z. B.

regordete – regordet**a** *(untersetzt)*

Stellung: Das Adjektiv steht entweder direkt beim Substantiv (el libro caro = *das teure Buch*) oder nach dem Prädikat (el libro es caro = *das Buch ist teuer*).
In den meisten Fällen steht das Adjektiv **nach** dem Substantiv:

Leo un periódico francés.	*Ich lese eine französische Zeitung.*

Manchmal findet man es auch **vor** dem Substantiv:

la joven alemana	*die junge Deutsche*	
el nuevo diccionario	*das neue Wörterbuch*	
el fiero león	*der wilde Löwe*	usw.

Wichtig: mucho, poco und otro werden immer vorangestellt:

mucha paciencia	*viel Geduld*
poco dinero	*wenig Geld*
otra señora	*eine andere Dame* (**una** entfällt!)

Die **Pluralbildung** erfolgt wie beim Substantiv:

joven – jóvene**s**	francesa – francesa**s**
caro – caro**s**	

Das Adjektiv richtet sich in **Geschlecht** und **Zahl** nach dem **Bezugssubstantiv:**

el profesor argentin**o**	*der argentinische Lehrer*
el astronauta american**o**	*der amerikanische Astronaut*
los científic**os** rus**os**	*die russischen Wissenschaftler*
los expert**os** chin**os**	*die chinesischen Experten*
las bailador**as** andaluz**as** son muy guap**as**	*die andalusischen Tänzerinnen sind sehr hübsch*
la gramátic**a** español**a** no es muy difícil	*die spanische Grammatik ist nicht sehr schwer*

IV. Übungen

1. Ergänzen Sie:
… nuev- secretaria; … urgent- problema; Manolo está ocupad-; … expert- automovilístic-; … semáforo roj-; Adela es muy pesimist-; nosotros estamos ocupad-

7

2. Antworten Sie:
¿Está Manolo en casa? / ¿Llama tío Pepe? / ¿Está muy ocupado Manolo? / ¿Por qué está ocupado? / ¿Hay víctima en el accidente? / ¿Es pesimista tía Concha?

3. Setzen Sie die richtige Verbform ein und übertragen Sie ins Deutsche:
La tía no *(discutir)* con Manolo sobre la técnica automovilística. Nosotros *(ayudar)* siempre que *(ser)* posible. Hoy Adela y Manolo *(llegar)* muy tarde, porque *(tener)* clase después del trabajo. Los dos *(estar)* bastante ocupados; *(tener)* pronto los exámenes. Vosotras *(estar)* detenidas en la comisaría. Pepe y los amigos *(pasar)* siempre los semáforos rojos. Las víctimas no *(vivir)*. ¿*(Ser)* Uds. pesimistas?

4. Übersetzen Sie:
Wir haben bald Prüfungen. Ich bin nicht der Autofachmann des Hauses. Tante Concha und Onkel Jaime möchten mit den Freunden ein dringendes Problem besprechen. Adela ruft immer mittags an, aber der Verlobte ist nicht zu Hause. Heute komme ich etwas später, weil ich viel Arbeit habe. Seid ihr sehr beschäftigt? Die Polizei verhaftet auch Tante Concha. Wer ist das Opfer des Unfalls? Die junge Deutsche fährt nicht bei Rotlicht weiter. Die neuen Wörterbücher sind teuer. Ich habe wenig Geld, aber viel Zeit *(tiempo)*. Der wilde Löwe lebt in einem Käfig *(jaula)*. Die pessimistischen Freunde lesen eine Zeitung.

V. Wortschatz

la llamada	*la ljam**a**da*	Anruf
buenas tardes	*bu**e**nas t**a**rdes*	guten Tag *(ab 13 Uhr!)*
llamar	*ljam**a**r*	anrufen
querer	*ker**e**r*	wollen, wünschen
discutir	*diskut**i**r*	besprechen, diskutieren
experto	*esp**e**rto*	Fachmann
automovilístico	*automoƀil**i**stiko*	Auto...
ayudar	*ajud**a**r*	helfen
posible	*pos**i**ƀle*	möglich
tarde	*t**a**rde*	spät, später
después de	*despu**e**s de*	nach *(zeitl.)*

bastante	*bastante*	ziemlich, genug
ocupado	*okupado*	beschäftigt; besorgt
pobre	*poƀre*	arm, bedauernswert
pronto	*pronto*	bald
el examen (*Pl.:* exámenes)	*el examen*	Prüfung
también	*tambien*	auch, ebenfalls
el accidente	*el akθidente*	Unfall
detener (*Beugung wie* tener!)	*detener*	verhaften, festnehmen
detenido	*detenido*	verhaftet
la comisaría	*la komisaria*	Polizeirevier
la policía	*la poliθia*	Polizei
¿por qué?	*por ke*	warum?
por *(+ Infinitiv)*	*por*	weil
pasar	*pasar*	passieren, weiterfahren
el semáforo	*el semaforo*	Verkehrsampel
saber	*saƀer*	wissen
cómo	*komo*	wie
es que	*es ke*	nämlich
la víctima	*la ƀiktima*	Opfer
por favor	*por faƀor*	bitte
pues claro	*pues klaro*	aber natürlich!
el pesimista	*pesimista*	Pessimist, pessimistisch

Lección 8 – Lektion 8

Accidente con víctima

Unfall mit Opfer

I. Text

Cuando tío Pepe está sentado al volante, cree que es el dueño
kuando tio pepe esta sentado al ƀolante kree ke es el duenjo

de la calle y todos tienen que dejar paso: los peatones, los
de la calje i todos tienen ke dechar paso los peatones los

automovilistas, los policías en los cruces de la ciudad, y, desde
automoƀilistas los poliθias en los kruθes de la θiudad i desde

luego, los semáforos. Tío Pepe no sabe muy bien el reglamento,
luego los semaforos tio pepe no saƀe mui bien el reglamento

además, los frenos del coche no funcionan como deben; él
ademas los frenos del kotsche no funθionan komo deƀen el

significa un peligro real para la seguridad pública. La familia
signifika un peligro real para la seguridad puƀlika la familia

entera lo sabe desde hace tiempo.
entera lo saƀe desde aθe tiempo

Después de escuchar las explicaciones de tía Concha, el acci-
despues de eskutschar las esplikaθiones de tia kontscha el akθi

dente resulta claro y Manolo puede hacer una reconstrucción:
dente resulta klaro i manolo puede aθer una rekonstrukθion

tío Pepe no logra frenar a tiempo, pasa un semáforo rojo y casi
tio pepe no logra frenar a tiempo pasa un semaforo rocho i kasi

atropella a una buena mujer. Sin embargo, Manolo no sabe por
atropelja a una buena mucher sin embargo manolo no saƀe por

qué tiene que acudir a la comisaría casi a media noche. Ge-
ke tiene ke akudir a la komisaria kasi a media notsche che

neralmente, la policía retiene el carnet después de aclarar el
neralmente la poliθia retiene el karnet despues de aklarar el

accidente y deja el resto en manos de la Justicia. Al llegar
akθidente i decha el resto en manos de la chustiθia al ljegar

a la comisaría, Manolo no puede dominar la risa: tío Pepe y un
a la komisaria manolo no puede dominar la risa tio pepe i un

agente charlan y fuman con toda tranquilidad. Manolo saluda
achente tscharlan i fuman kon toda trankilidad manolo saluda

perplejo, y el policía le explica la situación: "No quiere re-
perplecho i el poliθia le esplika la situaθion no kiere re

gresar solo a casa; tiene miedo a su esposa, ¿sabe?; y nosotros
gresar solo a kasa tiene miedo a su esposa saƀe i nosotros

no estamos para arreglar líos familiares ..." Manolo comprende:
no estamos para arreglar lios familiares manolo komprende

la víctima es el pobre tío Pepe.
la ƀiktima es el poƀre tio pepe

II. Übersetzung

Wenn Onkel Pepe am Steuer sitzt, glaubt er, daß er der Herr der Straße ist und (daß) alle ausweichen müssen: die Fußgänger, die Autofahrer, die Polizisten auf den Kreuzungen der Stadt und natürlich (auch) die Verkehrsampeln. Onkel Pepe kennt nicht sehr gut die Verkehrsregeln; außerdem funktionieren die Bremsen des Autos nicht wie sie sollen; so bedeutet er eine wirkliche Gefahr für die öffentliche Sicherheit. Die ganze Familie weiß es seit geraumer Zeit.
Nachdem er die Erklärungen von Tante Concha (an-)gehört hat, ist der Unfall klar, und Manolo kann eine Rekonstruktion machen: Onkel Pepe gelingt es nicht, rechtzeitig zu bremsen, er fährt bei Rotlicht durch und überrollt (überfährt) beinahe eine schuldlose Frau. Jedoch weiß Manolo nicht, weshalb er das Polizeirevier fast um Mitternacht aufsuchen muß. Im allgemeinen behält die Polizei den Führerschein ein, nachdem sie den Unfall geklärt hat, und läßt das übrige in Händen der Justiz. Als er zum Polizeirevier kommt, kann Manolo das Lachen nicht unterdrücken: Onkel Pepe und ein Polizist plaudern und rauchen in aller Ruhe. Manolo grüßt verdutzt, und der Polizist erklärt die Situation: „Er will nicht allein nach Hause zurückkehren; er hat Angst vor seiner Frau, wissen Sie; und wir sind nicht dazu hier, um Familienzwistigkeiten aus der Welt zu schaffen ...“
Manolo versteht: das Opfer ist der bedauernswerte Onkel Pepe.

III. Grammatik

Unregelmäßiges Verb hacer *machen, tun*

hago	hacemos	*ich mache*	*wir machen*
haces	hacéis	*du machst*	*ihr macht*
hace	hacen	*er/sie/es macht*	*sie machen*

hacer una pregunta	*eine Frage stellen*
hacer la maleta	*den Koffer packen*
hacer la mesa	*den Tisch decken*
hacer la cama	*das Bett machen*
hace buen/mal tiempo	*es ist gutes/schlechtes Wetter*

Modalverben:

querer *wollen, lieben, gern haben*

quiero	queremos	*ich will*	*wir wollen*
quieres	queréis	*du willst*	*ihr wollt*
quiere	quieren	*er/sie/es will*	*sie wollen*

¿Quiere Ud. tomar una copa de jerez? — *Wollen Sie ein Glas Sherry trinken?*
No queremos trabajar. — *Wir wollen nicht arbeiten.*
Te quiero mucho. — *Ich liebe dich sehr.*

Bei reflexiven Verben wird das Pronomen angehängt:

quiero lavar**me** — *ich will mich waschen*
quieres lavar**te** — *du willst dich waschen* etc.
no queremos aburrir**nos** — *wir wollen uns nicht langweilen.*

poder *können, vermögen*

puedo	podemos	*ich kann*	*wir können*
puedes	podéis	*du kannst*	*ihr könnt*
puede	pueden	*er/sie/es kann*	*sie können*

¿Puedes venir? — *Kannst du kommen?*
No podéis acostumbraros a la vida en España. — *Ihr könnt euch nicht an das Leben in Spanien gewöhnen.*

saber *wissen, können (= gelernt haben)*

sé	sabemos	*ich kann*	*wir können*
(**sé** mit Akzent, denn **se** = man oder sich)			
sabes	sabéis	*du kannst*	*ihr könnt*
sabe	saben	*er/sie/es kann*	*sie können*

¿Sabes alemán? — *Kannst du Deutsch?*
¿Saben Uds. esquiar? — *Können Sie skifahren?*
¿Sabe Ud.? — *Wissen Sie? Verstehen Sie?*

tener que *müssen (Zwang)*

Tenemos que aprender las palabras. — *Wir müssen die Wörter lernen.*

Tenéis que pagar impuestos. — *Ihr müßt Steuern bezahlen.*

No tener que — *nicht brauchen zu*

En la comisaría, no tenemos que arreglar líos familiares. — *Auf dem Polizeirevier brauchen wir keine Familienzwistigkeiten zu schlichten.*

IV. Übungen

1. Ergänzen Sie:
un- buen- mujer; Manolo saluda perplej-; … accidente resulta clar-; … frenos no son buen--; … familia enter-; … seguridad públic-; … líos familiar--

2. Setzen Sie die richtige Verbform ein:
Tío Pepe *(creer)* que *(ser)* el dueño de la calle / Manolo *(no saber)* por qué *(tener)* que acudir / Nosotros *(tener)* miedo; vosotros *(no saber)* por qué / Tío Pepe y el policía *(fumar y charlar)* tranquilamente.

3. Beantworten Sie die Fragen auf spanisch (ganze Sätze bilden!):
¿Quién es la víctima del accidente? / ¿Por qué no ayuda el policía? / ¿Qué hacen tío Pepe y el policía? / ¿Puede Manolo dominar la risa? / ¿Sabe la familia cómo conduce tío Pepe? / ¿Explica el policía la situación?

4. Konjugieren Sie:
saber cómo es el accidente / tener que estudiar / no tener que examinarse / hacer las compras / querer discutir un problema importante.

5. Übersetzen Sie ins Deutsche:
Los automovilistas no saben muy bien el reglamento. Los peatones no son los dueños de la calle. Tía Concha no está sentada al volante. Los policías en los cruces son como los semáforos: dejan paso. Los frenos y los motores de algunos vehículos no funcionan como deben. Yo sé desde hace tiempo que el coche es un peligro real para la seguridad pública. El amigo escucha

con atención las explicaciones de los padres. Después del accidente, Manolo logra hacer una reconstrucción: Tío Pepe ha pasado con toda tranquilidad un semáforo rojo. El agente aclara el accidente y retiene el carnet. A medianoche la señora charla en su coche y casi atropella al policía en el cruce.

6. Übersetzen Sie ins Spanische:
Ich will den Unfall klären und das übrige in Händen der Polizei lassen. Heute kann ich das Lachen nicht verbeißen: Onkel Pepe kommt ohne *(sin)* Führerschein nach Hause und hat Angst vor seiner Frau. Der Bedauernswerte ist das Opfer. Die russischen Astronauten und die amerikanischen Wissenschaftler können eine Rekonstruktion der Probleme machen. Die Freundinnen können nicht skifahren. Wir brauchen keine Steuern zu (be-) zahlen, denn wir sind arm. Packt Jaime die Koffer heute? Ja, das Wetter ist sehr schön, und wir wollen uns nicht langweilen.

V. Wortschatz

cuando	*ku**a**ndo*	wenn
sentarse	*sent**a**rse*	sitzen
el volante	*el ƀol**a**nte*	Steuer(rad)
sentado al volante	*sent**a**do al ƀol**a**nte*	am Steuer (sitzend)
el dueño	*el du**e**njo*	Herr, Besitzer
dejar	*dech**a**r*	lassen
dejar paso	*dech**a**r p**a**so*	Platz machen, ausweichen
el peatón	*el peat**o**n*	Fußgänger
el automovilista	*el automoƀil**i**sta*	Autofahrer
el policía	*el poliθ**i**a*	Polizist (*aber:* **la** policía)
el cruce	*el kr**u**θe*	Kreuzung
la ciudad	*la θiud**a**d*	Stadt
desde luego	*desde lu**e**go*	natürlich
el freno	*el fr**e**no*	Bremse
el coche	*el k**o**tsche*	Wagen, Auto
funcionar	*funθion**a**r*	funktionieren
significar	*signifik**a**r*	bedeuten
el peligro	*el pel**i**gro*	Gefahr
real	*re**a**l*	wirklich, echt
la seguridad	*la segurid**a**d*	Sicherheit
público, -a	*p**u**ƀliko*	öffentlich
entero, -a	*ent**e**ro*	ganz(e)
lo	*lo*	es *(4. Fall)*

desde	*desde*	seit
desde hace tiempo	*desde aθe tiempo*	seit langem, seit geraumer Zeit
claro, -a	*klaro*	deutlich
la reconstrucción	*la rekonstrukθion*	Rekonstruktion
lograr	*lograr*	können, gelingen
frenar	*frenar*	bremsen
a tiempo	*a tiempo*	rechtzeitig
atropellar	*atropeljar*	überfahren, niederstoßen
la mujer	*la mucher*	Frau
una buena mujer		eine arglose Frau
sin embargo	*sin embargo*	jedoch
acudir	*akudir*	gehen zu, aufsuchen
la medianoche	*la medianotsche*	Mitternacht
a medianoche		um Mitternacht
generalmente	*cheneralmente*	gewöhnlich
retener	*retener*	(ein)behalten
el carnet	*el karnet*	Führerschein
aclarar	*aklarar*	klären
el resto	*el resto*	Rest, das übrige
la mano	*la mano*	Hand
en manos de	*en manos de*	in Händen von
la Justicia	*la chustiθia*	Justiz
dominar	*dominar*	beherrschen, *hier:* unterdrücken
el agente	*el achente*	Beamter, Polizist
fumar	*fumar*	rauchen
la tranquilidad	*la trankilidad*	Ruhe
con toda tranquilidad		in aller Ruhe
saludar	*saludar*	(be)grüßen
perplejo, -a	*perplecho*	verwirrt, verdutzt
la situación	*la situaθion*	Lage
regresar	*regresar*	heimgehen, zurückkehren
solo	*solo*	allein
el miedo (a)	*el miedo*	Angst (vor)
nosotros	*nosotros*	wir
arreglar	*arreglar*	regeln
el lío (meist: líos)	*el lio*	Zwistigkeiten, Streit
comprender	*komprender*	verstehen

Lección 9 – Lektion 9

Sin programa
Ohne Programm

I. Text

(Jaime: *J.*, Adela: *A.*)

J.: ¿A qué hora terminas mañana la clase?
a ke ora terminas manjana la klase

A.: A la una y media; después de comer, de tres a cinco, tenemos ensayo para la fiesta del primero de mayo.
a la una i media despues de komer de tres a θinko tene mos ensajo para la fiesta del primero de majo

J.: Entonces, espero a la puerta, ¿de acuerdo?
entonθes espero a la puerta de akuerdo

A.: Vale. ¿Y qué plan tienes?
bale i ke plan tienes

9

J.: Si te parece, después de merendar, vamos al cine. A las ocho y media, en el “Capitol”, echan una película de Buñuel.
si te pareθe despues de merendar bamos al θine a las otscho i media en el kapitol etschan una pelikula de bunjuel

A.: ¿Otra vez al cine?
otra ƀeθ al θine

J.: Es sólo una propuesta. ¿Tienes tú otro plan?
es solo una propuesta tienes tu otro plan

A.: Yo no tengo ningún plan, pero los sábados generalmente estoy bastante cansada después de una semana de clases y prácticas. Para dormir, no es necesario pagar entrada, creo yo.
jo no tengo ningun plan pero los sabados cheneralmente estoi ƀastante kansada despues de una semana de klases i praktikas para dormir no es neθesario pagar entrada kreo jo

J.: Si te gusta más bailar, yo no tengo nada en contra. Hay que aprovechar los sábados y domingos para divertirse un poco; de lunes a viernes la vida es bastante monótona.
si te gusta mas bailar jo no tengo nada en kontra ai ke aproƀetschar los saƀados i domingos para diƀertirse um poko de lunes a ƀiernes la ƀida es ƀastante monotona

A.: Bueno, entonces, hacia las cinco y cuarto, ¿estamos?
bueno entonθes aθia las θinko i kuarto estamos

J.: ¡Estamos! ¿Y luego?
estamos i luego

A.: No tengo programa.
no tengo programa

J.: ¡Qué manera de organizarse la vida!
ke manera de organiθarse la ƀida

II. Übersetzung

Jaime: Um wieviel Uhr bist du morgen mit dem Unterricht fertig? – *Adela:* Um halb zwei; nach dem Essen, von drei bis fünf, haben wir Probe für das Fest des ersten Mai. – *J.:* Dann warte ich am Tor, einverstanden? – *A.:* Abgemacht! Und was für einen Plan hast du? – *J.:* Wenn es dir recht ist, gehen wir nach dem (Nachmittags-)Imbiß ins Kino. Um halb neun läuft im „Kapitol" ein Film von Buñuel. – *A.:* (Schon) Wieder ins Kino? – *J.:* Es ist nur ein Vorschlag. Hast du einen anderen Plan? – *A.:* Ich habe keinen Plan, aber samstags bin ich gewöhnlich ziemlich müde nach einer Woche mit Unterrichtsstunden und praktischen Übungen. Um zu schlafen, ist es – glaube ich – nicht notwendig, Eintritt zu bezahlen. – *J.:* Wenn du lieber tanzen gehst, habe ich nichts dagegen. Man muß die Samstage und Sonntage nützen, um sich ein wenig zu vergnügen; von Montag bis Freitag ist das Leben ziemlich monoton. – *A.:* Schön – dann bis Viertel nach fünf. Einverstanden? – *J.:* Einverstanden! Und dann? – *A.:* Ich habe kein Programm. – *J.:* Was für eine Art, sich das Leben einzurichten!

III. Grammatik

Grundzahlen

1 uno	15 quince	29 veintinueve
2 dos	16 dieciséis (diez y seis)	30 treinta
3 tres	17 diecisiete	31 treinta y uno
4 cuatro	18 dieciocho	32 treinta y dos
5 cinco	19 diecinueve	etc.
6 seis	20 veinte	
7 siete	21 veintiuno	
8 ocho	22 veintidós	40 cuarenta
9 nueve	23 veintitrés	50 cincuenta
10 diez	24 veinticuatro	60 sesenta
11 once	25 veinticinco	70 setenta
12 doce	26 veintiséis	80 ochenta
13 trece	27 veintisiete	90 noventa
14 catorce	28 veintiocho	100 ciento; cien

9 **Wichtig:** Steht nach dem Einer (1) ein Begriff, dann ist die männliche bzw. weibliche Form (= unbestimmter Artikel) zu verwenden. Zum Beispiel:

un libro	*ein Buch*
un nuevo diccionario	*ein neues Wörterbuch*
una tonelada	*eine Tonne (1000 kg)*
once marcos	*elf Mark*
veinti**ún** lápices	*21 Bleistifte*
veinti**una** pesetas	*21 Peseten*
treinta y **un** pesos argentinos	*31 argentinische Pesos*
ochenta y **una** alumnas	*81 Schülerinnen*

Ciento wird vor einem Begriff verkürzt zu **cien:**

cien francos suizos	*hundert Schweizer Franken*
cien casas	*hundert Häuser*

Verben auf -iar und -uar

Zahlreiche Verben, die auf -iar und -uar enden, haben im Präsens folgende Besonderheit:

enviar *schicken, senden*

envío	enviamos	*ich schicke*	*wir schicken*
envías	enviáis	*du schickst*	*ihr schickt*
envía	envían	*er/sie/es schickt*	*sie schicken*

continuar *fortsetzen*

continúo	continuamos	*ich setze fort*	*wir setzen fort*
continúas	continuáis	*du setzest fort*	*ihr setzt fort*
continúa	continúan	*er/sie/es setzt fort*	*sie setzen fort*

Ebenso werden konjugiert:

ampliar	*erweitern*	averiar	*beschädigen*
confiar	*vertrauen*	guiar	*leiten, führen*
telegrafiar	*telegrafieren*	vaciar	*(ent)leeren*
variar	*verändern*	etc.	

actuar	*wirken*	efectuar	*bewirken*
exceptuar	*ausnehmen*	etc.	

Jedoch weisen manche Verben, die auf -iar enden, diese Besonderheit (die sog. Akzentverschiebung) **nicht** auf.

Zum Beispiel:

cambiar	*wechseln, tauschen*	estudiar	*studieren*
abreviar	*abkürzen*	iniciar	*beginnen*
anunciar	*ankündigen*	limpiar	*reinigen*
copiar	*kopieren*	pronunciar	*aussprechen*
envidiar	*(be)neiden*	renunciar	*verzichten*
		etc.	

Völlig regelmäßig also:

cambio	cambiamos	*ich tausche*	*wir tauschen*
cambias	cambiáis	*du tauschest*	*ihr tauscht*
cambia	cambian	*er/sie/es tauscht*	*sie tauschen*

IV. Übungen

1. Setzen Sie die Substantive mit bestimmtem und unbestimmtem Artikel (Singular und Plural):
clase – ensayo – lunes – sábado – coche – víctima – plaza – pimiento – semáforo – problema urgente – programa – cine.

2. Setzen Sie die korrekte Verbform ein:
La vida *(ser)* bastante monóton-; Adela *(estar)* cansad-; la película *(ser)* muy interesant-; *(ser)* necesario pagar la entrada; los amigos *(ir)* al cine; Jaime *(esperar)* a la puerta.

3. Antworten Sie auf spanisch:
¿Está cansada Adela? ¿Por qué? / ¿Qué plan tiene Jaime? / ¿Y Adela, tiene plan? / ¿Dónde tiene clases Adela? / ¿Cómo es la vida de lunes a viernes? / ¿Cuándo tienen tiempo los amigos para divertirse?

4. Übersetzen Sie ins Deutsche:
Adela quiere organizarse la vida de una manera especial. Jaime, su novio, se aburre los domingos. ¿Qué película echan en este cine? Hay que aprovechar el tiempo para estudiar la gramática

española. Las muchachas tienen otra propuesta: los sábados desean ir a un baile. Pero están muy cansadas después de tantos días de trabajo. Durante la enseñanza *(Ausbildung)*, los jóvenes tienen que trabajar poco, pero deben hacer algunas prácticas. Vosotros no sabéis divertiros. No me gusta ampliar los conocimientos de personas poco interesadas.

5. Übersetzen Sie ins Spanische:
Um halb drei wollen wir ins Kino gehen; es läuft ein Film von Buñuel. Ich habe einen Vorschlag: Wir warten am Tor und gehen nicht zum Tanzen. Einundsiebzig Schülerinnen kaufen 101 (i. W.) Bleistifte oder Kugelschreiber *(bolígrafo)*. Hundert französische Francs sind mehr wert *(valen más)* als *(que)* ein neues Programm. Können Sie einhundertundeine Mark gegen Peseten wechseln? Die Schüler kopieren die Arbeiten. Wann wird die Ankunft des Zuges angezeigt *(se anuncia)*? Wie kürzt man diese Wörter ab? Ich weiß nicht, denn ich studiere die entsprechenden Regeln nicht. Nach dem Imbiß warte ich an der Tür, einverstanden?

V. Wortschatz

el programa	*el programa*	Programm
la hora	*la ora*	Uhr; Uhrzeit; Stunde
terminar	*terminar*	beenden, fertig sein mit
mañana	*manjana*	morgen
comer	*komer*	essen
el ensayo	*el ensajo*	Probe
la fiesta	*la fiesta*	Fest
mayo	*majo*	Mai
entonces	*entonθes*	dann
esperar	*esperar*	warten
la puerta	*la puerta*	Tür, Tor
a la puerta		am Tor
¿de acuerdo?	*de akuerdo*	einverstanden?
vale	*bale*	gilt; paßt; einverstanden
el plan	*el plan*	Plan, Vorhaben
te	*te*	dir
parecer	*pareθer*	scheinen; recht sein
merendar	*merendar*	vespern, Imbiß einnehmen
el cine	*el θine*	Kino
echar	*etschar*	*hier:* geben, laufen (Film)

la película	*la pel**i**kula*	Film
otro, -a	***o**tro*	anderer, -e, -es
la vez	*la ƀ**e**θ*	Mal
otra vez	***o**tra ƀ**e**θ*	erneut, wieder
la propuesta	*la propu**e**sta*	Vorschlag
tú	*tu*	du
ninguno, -a	*ning**u**no*	kein(e)
cansado, -a	*kans**a**do*	müde
las prácticas	*las pr**a**ktikas*	praktische Übungen Praktikum/a
dormir	*dorm**i**r*	schlafen
pagar	*pag**a**r*	(be)zahlen
la entrada	*la entr**a**da*	Eintritt
yo	*jo*	ich
gustar	*gust**a**r*	gefallen
bailar	*bail**a**r*	tanzen
nada	*n**a**da*	nichts
en contra	*en k**o**ntra*	dagegen
hay que	***a**i ke*	man muß
el domingo	*el dom**i**ngo*	Sonntag
divertirse *(unregelmäßig!)*	*diƀert**i**rse*	sich amüsieren
un poco	*um p**o**ko*	ein wenig
el viernes	*el ƀ**i**ernes*	Freitag
hacia	***a**θia*	gegen
luego	*lu**e**go*	danach, dann
la manera	*la man**e**ra*	Art
organizarse	*organiθ**a**rse*	sich organisieren
organizarse la vida		sich das Leben einrichten

Lección 10 – Lektion 10

Fin de semana a la española
Wochenende auf spanische Art

I. Text

Adela y Jaime se citan para pasar juntos los fines de semana.
adela i chaime se θitan para pasar chuntos los fines de semana

Generalmente, de lunes a sábado no tienen mucho tiempo:
cheneralmente de lunes a sabado no tienen mutscho tiempo

Adela tiene que estudiar y hacer prácticas en una escuela, y
adela tiene ke estudiar i aθer praktikas en una eskuela i

Jaime, además de estudiar economía, es deportista activo y
chaime ademas de estudiar ekonomia es deportista aktibo i

tiene que entrenarse casi todas las tardes. Como los fines de
tiene ke entrenarse kasi todas las tardes. komo los fines de

semana en España son cortos en comparación con otros países
semana en espanja son kortos en komparaθion kon otros paises

europeos, no tienen más remedio que proyectar con tiempo,
europeos no tienen mas remedio ke projektar kon tiempo

para aprovechar bien la tarde del sábado y el domingo; porque
para aproƀetschar ƀien la tarde del saƀado i el domingo porke

a esto se limita el fin de semana a la española. Poco a poco se
a esto se limita el fin de semana a la espanjola poko a poko se

generaliza la costumbre de no trabajar los sábados, pero
cheneraliθa la kostumbre de no traƀachar los saƀados pero

hasta ahora el sábado por la mañana se trabaja como el martes
asta aora el saƀado por la manjana se traƀacha komo el martes

o el jueves; el comercio, por ejemplo, está abierto hasta la
o el chueƀes el komerθio por echemplo esta aƀierto asta la

tarde. Sólo en verano, en julio, agosto y septiembre, algunas
tarde solo em berano en chulio agosto i septiembre algunas

empresas autorizan a cerrar al mediodía. Pero también en esto
empresas autoriθan a θerrar al mediodia pero tambien en esto

se esperan cambios, para estar "a nivel europeo".
se esperan kambios para estar a niƀel europeo

II. Übersetzung

Adela und Jaime verabreden sich, um die Wochenenden gemeinsam zu verbringen. Gewöhnlich haben sie von Montag bis Samstag nicht viel Zeit: Adela muß studieren und in einer Schule praktische Übungen machen, und Jaime ist – neben seinem Wirtschaftsstudium – aktiver Sportler und muß fast jeden Nachmittag/Abend trainieren. Da die Wochenenden in Spanien kurz sind im Vergleich zu anderen europäischen Ländern, bleibt ihnen nichts anderes übrig, als im voraus zu planen, um den Samstagnachmittag und den Sonntag gut zu nutzen; denn darauf beschränkt sich das Wochenende auf spanische Art. Allmählich breitet sich die Gewohnheit aus, an Samstagen nicht zu arbeiten, aber bis jetzt wird am Samstagvormittag wie am Dienstag oder am Donnerstag gearbeitet; der Handel, zum Beispiel, hat bis zum Nachmittag/frühen Abend geöffnet. Nur im Sommer, im Juli,

August und September, gestatten manche Unternehmen, mittags zu schließen. Aber auch hier(in) werden Änderungen erwartet, um auf „europäschem Niveau“ zu sein.

III. Grammatik

Anwendung der Grundzahlen:

1. Uhrzeit:

¿Qué hora es?	*Wie spät ist es?*
Es la una.	*Es ist ein Uhr. (Es ist eins)*
Son las dos.	*Es ist zwei Uhr.*
Son las 10 de la mañana.	*Es ist 10 Uhr vormittags.*
Son las 5 de la tarde.	*Es ist 5 Uhr nachmittags.*
Son las 9 de la noche.	*Es ist 9 Uhr abends.*
Son las 11 de la noche.	*Es ist 11 Uhr abends (nachts).*
¿A qué hora?	*Um wieviel Uhr?*
A las dos.	*Um zwei Uhr.*

Präzise Zeitangaben:

Son las tres y veintitrés.	*Es ist drei Uhr dreiundzwanzig.*
Es la una y cinco.	*Es ist fünf nach eins.*
Es la una y **cuarto.**	*Es ist Viertel nach eins.*
Es la una y **media.**	*Es ist halb zwei.*
Es la una y veinticinco.	*Es ist fünf vor halb zwei.*
Son las dos menos cuarto.	*Es ist Viertel vor zwei. (dreiviertel zwei)*
Son las doce en punto.	*Es ist Punkt zwölf.*
Son las dos menos veinticinco.	*Es ist fünf nach halb zwei.*
Son las cuatro y cincuenta y nueve.	*Es ist vier Uhr neunundfünfzig.*

2. Datum:

¿Qué fecha tenemos?	*Welches Datum haben wir?*
¿A cuántos estamos (hoy)?	*Der Wievielte ist heute?*
Hoy tenemos el primero de enero. (Hoy es el 1 de enero)	*Heute haben wir den 1. Januar (Heute ist der 1. Januar)*

(Nur der **Erste** des Monats wird mit der Ordnungszahl ausgedrückt!)

Tenemos el dos/tres/cuatro … treinta y uno de marzo.	*Wir haben den zweiten/dritten/vierten … einunddreißigsten März.*

Weitere Monatsnamen: febrero, abril, mayo, junio, julio, agosto, se(p)tiembre, octubre, noviembre, diciembre.

¿Qué día (de la semana) es hoy?	*Welcher (Wochen-)Tag ist heute?*
Hoy es lunes/martes/miércoles/jueves/viernes/sábado/domingo.	*Heute ist Montag, Dienstag usw.*

3. Alter:

¿Qué edad tiene Ud.?	*Wie alt sind Sie?*
oder:	
¿Cuántos años tiene Ud.?	*Wieviel Jahre sind Sie alt?*
Tengo 20 años (de edad).	*Ich bin 20 (Jahre alt).*
Mi abuela tiene 91 (noventa y un) años.	*Meine Großmutter ist 91 Jahre (alt).*
A la edad de 40 años.	*Im Alter von 40 Jahren.*
oder:	
a los 40 años (de edad).	
A los tres años.	*nach 3 Jahren.*

4. Rechnen:

Las 4 operaciones fundamentales	*Die 4 Grundrechenarten*
calcular, hacer cuentas	*rechnen*
el cálculo mental	*Kopfrechnen*
adición:	*Addition:*
uno y uno, dos	*eins und eins ist zwei*
oder:	
uno más uno, igual a dos	*eins plus eins gleich zwei*

sustracción: *Subtraktion:*
cuatro menos uno, tres — *vier weniger eins ist drei*
oder:
4 menos uno, igual a 3
multiplicación: *Multiplizieren:*
dos por dos, cuatro — *zwei mal zwei ist vier*
oder:
2 multiplicado por 2, igual a 4
división: *Teilen:*
seis dividido por dos, tres — *sechs (geteilt) durch zwei ist drei*

IV. Übungen

1. Lesen Sie laut:

Terminamos a las 5,15; son las 8,30; hoy es el 27 de mayo; el día 18 no hay clase; el mes tiene 30 ó 31 días; febrero tiene 28 ó 29; a las 11,45 tengo que estudiar; $52:13=4$; $18-17=1$.

2. Antworten Sie auf spanisch:

¿Qué edad tiene Vd.? / ¿A cuántos estamos hoy? / ¿Qué día de la semana es hoy? / ¿Qué hora es? / ¿A qué hora comemos? / ¿Son largos los fines de semana en España? / ¿Por qué no tienen tiempo Jaime y Adela durante la semana? / ¿Qué días pueden estar juntos?

3. Setzen Sie die korrekte Verbform ein:

Jaime *(estudiar)* economía; Adela *(tener que)* estudiar también. Los fines de semana *(ser)* cortos. Jaime y Adela *(citarse)* el sábado. Adela *(no saber)* organizarse, *(no tener)* plan. Mi abuelo *(tener)* 81 años; *(ser)* el padre de mi madre. *(ser)* la una y media. ¿A cuántos *(estar)* hoy? Ahora *(ser)* las 14,45.

4. Übersetzen Sie ins Deutsche:

Hoy vamos a comer a la española. La empresa nos autoriza a cerrar a la una y media. Me cito con Adela para ir con ella a la pinacoteca. Los dos amigos son deportistas muy activos y tienen que entrenarse casi todos los días para ganar el campeonato. Debido a[1] los fines de semana cortos, tenéis que proyectar con tiempo. Su amigo Pablo estudia Medicina. Para aprovechar bien el tiempo, tiene que hacer prácticas en una clínica universitaria.

[1] *debido a = wegen*

5. Übersetzen Sie ins Spanische:

Um dreiviertel fünf. Den Wievielten haben wir heute? Heute ist der einundzwanzigste Dezember. Wie spät ist es jetzt? Jetzt ist es genau dreiundzwanzig Uhr siebenundvierzig. Wie alt ist Onkel Pepe? Er ist dreiundfünfzig. Vier mal vier sind sechzehn. Fünfundfünfzig geteilt durch elf ergibt fünf. Ich möchte Wirtschaft studieren. Es bleibt uns nichts anderes übrig, als während der Wochenenden zu arbeiten. Die Schule ist bis 21 Uhr geöffnet. In den Firmen setzt sich allmählich der Brauch durch, nur 38 Stunden pro Woche zu arbeiten.

V. Wortschatz

el fin de semana	*el fin de semana*	Wochenende
a la española	*a la espanjola*	auf spanische Art
citarse	*θitarse*	sich verabreden
juntos	*chuntos*	zusammen
la escuela	*la eskuela*	Schule
además de	*ademas*	außer(dem), neben
la economía	*la ekonomia*	Wirtschaft
el deportista	*el deportista*	Sportler
activo	*aktibo*	aktiv
entrenarse	*entrenarse*	trainieren
la tarde	*la tarde*	Nachmittag, *auch:* früher Abend
corto, -a	*korto*	kurz
la comparación	*la komparaθion*	Vergleich
en comparación con		im Vergleich zu
el país	*el pais*	Land
europeo, -a	*europeo*	europäisch
no tener más remedio que	*no tener mas remedio ke*	*wörtl.:* keine andere Lösung haben als = einem nichts anderes übrig bleiben als
proyectar	*projektar*	planen
proyectar con tiempo		im voraus planen
esto	*esto*	dies
limitarse a	*limitarse a*	sich beschränken auf
poco a poco	*poko a poko*	allmählich
generalizarse	*cheneraliθarse*	sich ausbreiten, allgemein üblich werden
la costumbre	*la kostumbre*	Brauch, Gewohnheit, Sitte
hasta	*asta*	bis
ahora	*aora*	jetzt

10

se	*se*	man
se trabaja	*se traƀacha*	man arbeitet *(zugleich Passivform:* es wird gearbeitet)
el martes	*el martes*	(am) Dienstag
el jueves	*el chueƀes*	(am) Donnerstag
abrir	*aƀrir*	öffnen
abierto	*aƀierto*	geöffnet
el verano	*el ƀerano*	Sommer
julio	*chulio*	Juli
agosto	*agosto*	August
se(p)tiembre	*se(p)tiembre*	September
algunos, -as	*algunos*	einige, manche
la empresa	*la empresa*	Firma, Unternehmen
autorizar a	*autoriθar*	erlauben, gestatten zu
cerrar	*θerrar*	schließen
el cambio	*el kambio*	Wechsel, Änderung
el nivel	*el niƀel*	Niveau

Lección 11 – Lektion 11

Turismo de escaparates

Schaufenster-Tourismus, Schaufensterbummel

I. Text

(Adela: *A.,* Marion: *M.,* Vendedora: *V.)*

A.: ¿Has estado ya en “Galerías Palma”?

M.: No, no he estado todavía.

A.: Pues son muy interesantes; hay de todo.

Adela acompaña a Marion por los comercios de la ciudad. Ya han recorrido diez o doce tiendas, pero hasta ahora no han comprado nada.

A.: Mira qué falda: es preciosa. Al cambio, no llega a 60 marcos.

M.: Sí, pero el color es algo triste. Como soy más bien pálida, prefiero colores un poco chillones.

A.: Pues el vestido gris que llevas te sienta muy bien.

M.: ¡Qué elegante es el abrigo de la derecha! Y no resulta caro.

A.: ¿Lo quieres probar? Espera, allí hay una vendedora.

V.: ¿Qué desean?

A.: Mi amiga quiere probarse el abrigo de la derecha.
V.: Está vendido, lo siento.
M.: ¡Qué lástima!
A.: Marion, creo que junto a la Catedral han abierto una tienda especializada en confección; me han hablado muy bien de ella. ¿Quicres ir? Mirar no cuesta nada.
M.: Encantada. Recorrer tiendas es mi deporte favorito.

II. Übersetzung

Adela: Bist du schon in den "Galerías Palma" (Kaufhaus P.) gewesen? – *Marion:* Nein, ich war noch nicht dort. – *A.:* Also, sie sind sehr interessant; man findet alles. – *Adela begleitet Marion durch die Geschäfte der Stadt. Sie sind schon in zehn oder zwölf Läden gewesen, aber bis jetzt haben sie (noch) nichts gekauft. A.:* Schau, was für ein Rock: er ist herrlich. Umgerechnet kommt er nicht einmal auf 60 Mark. – *M.:* Ja, aber die Farbe ist etwas trist. Da ich eher blaß bin, ziehe ich ein wenig grelle Farben vor. – *A.:* Also das graue Kleid, das du trägst, steht dir sehr gut. – *M.:* Wie elegant ist der Mantel hier rechts! Und er ist nicht teuer. – *A.:* Möchtest du ihn anprobieren? Warte, hier ist eine Verkäuferin. – *Verkäuferin:* Was wünschen Sie? – *A.:* Meine Freundin möchte den Mantel dort rechts anprobieren. – *V.:* Er ist verkauft. Tut mir leid. – *M.:* Wie schade! – *A.:* Marion, ich glaube, neben dem Dom ist ein Geschäft eröffnet worden, das auf Konfektion spezialisiert ist; ich habe nur sehr Gutes darüber gehört. Willst du hingehen? Schauen kostet nichts. – *M.:* Wunderbar. Ladenbummel ist mein Lieblingssport.

III. Grammatik

Bildung des Perfekts (perfecto compuesto – zusammengesetzte Vergangenheit)

he	**tomado**	un café
ich habe	*genommen*	*einen Kaffee*
(= ich habe eine Tasse Kaffee getrunken)		
Hilfsverb	Partizip Perfekt (unveränderlich!)	Objekt

Regel: Das Perfekt wird im Spanischen mit “haber” gebildet (auch wenn im Deutschen „sein“ steht: **he** llegado *ich **bin** angekommen*).

Hilfszeitwort haber
(darf nicht in der Bedeutung von „besitzen“ verwendet werden!):

he	hemos	*ich habe*	*wir haben*
has	habéis	*du hast*	*ihr habt*
ha	han	*er/sie/es hat*	*sie haben*

(eine Sonderform ist “hay” = *es gibt* (s. Lektion 4)

Partizip Perfekt (P. P.)

An den Stamm der Verben der a-Konjugation wird einfach **-ado** angehängt:

tom-ado	*genommen*	cambi-ado	*getauscht*
lav-ado	*gewaschen*	usw.	

An den Stamm der Verben der e- und i-Konjugation wird **-ido** angehängt:

vend-ido	*verkauft*	compromet-ido	*verpflichtet*
recib-ido	*empfangen*	ven-ido	*gekommen* usw.

In der Perfektkonstruktion ist das P. P. **immer unveränderlich** (Endung auf -ado oder -ido!)

Die Reihenfolge „Hilfsverb + P. P.“ darf **nicht** verändert werden (beide untrennbar!):

Ud. **ha comprado** un periódico.	*Sie haben eine Zeitung gekauft.*
Ud. no **ha comprado** un p.	*Sie haben keine Zeitung gekauft.*
¿**Ha comprado** Ud. un p.?	*Haben Sie eine Zeitung gekauft?*
¿No **ha comprado** Ud. un p.?	*Haben Sie keine Zeitung gekauft?*
Hoy **ha comprado** Ud. un p.	*Heute haben Sie eine Zeitung gekauft.*

Anwendung des Perfekts:
Zum Ausdruck einer Handlung in der Vergangenheit, jedoch im **noch nicht abgeschlossenen Zeitraum:**

Hoy he comprado el periódico.	*Heute habe ich die Zeitung gekauft.*
Esta semana …	*Diese Woche …*
Este mes …	*Diesen Monat …*
Este año …	*Dieses Jahr …*

Die Handlung der Vergangenheit hat **Auswirkung auf die Gegenwart:**

Siempre han deseado viajar a España.	*Sie haben stets den Wunsch gehabt, nach Spanien zu reisen.*
He leído la novela.	*Ich habe den Roman gelesen (und jetzt kenne ich ihn).*
¿Has ganado algo en la lotería?	*Hast du etwas in der Lotterie gewonnen?*
Hasta ahora hemos vivido en Sevilla.	*Bis jetzt haben wir in Sevilla gelebt.*

IV. Übungen

1. Setzen Sie ins Perfekt:
Adela acompaña a Marion; recorren muchas tiendas, pero no compran nada. La vendedora pregunta y Adela responde. Marion y Adela van a una nueva tienda. Miran los escaparates y pasan un día muy agradable. Las dos quedan encantadas.

2. Ergänzen Sie:
el abrigo es muy elegant- / la falda no resulta car- / Marion es pálid- y prefiere colores chillon-- / recorrer tiendas es el deporte favorit- de Marion / las dos amigas están encantad--

3. Antworten Sie auf spanisch:
¿Ha estado Marion en “Galerías Palma”? – ¿Compra la falda? – ¿Cuánto cuesta en moneda alemana? – ¿Es de color chillón? – ¿De qué color es la falda? – ¿Cómo le sienta el vestido gris? – ¿Se prueba Marion el abrigo? – ¿Por qué no? – ¿A dónde van luego?

4. Übersetzen Sie ins Deutsche:

El turismo tiene gran importancia para España y otros países mediterráneos[1]. La vendedora es alemana y habla bastante bien el español. Hoy está un poco triste, porque todavía no ha vendido muchos abrigos, faldas, blusas y vestidos. Las dos amigas quieren probarse todo lo que ofrece la tienda de confección. Esto es imposible, porque sólo está abierta hasta las seis y media de la tarde. Prefiero los comercios junto a la catedral que venden muy barato. Hemos recorrido las calles de la ciudad para encontrar algo nuevo. He acompañado a mi amigo hasta la universidad. Esto no cuesta mucho. Mi deporte favorito es hablar con turistas de todo el mundo en su lengua materna[2].

[1] *Mittelmeer ...*, [2] *Muttersprache*

5. Übersetzen Sie ins Spanische:

Die grauen Farben stehen dir ziemlich gut. Ich möchte den Mantel hier rechts probieren. Was kostet er? Wo ist ein Fachgeschäft für Konfektion? Ich glaube, neben dem Dom. Hat der Verkäufer die Zeitung schon gelesen? Ich habe immer den Wunsch gehabt, mir das hübsche Kleid zu kaufen. Haben Sie das Buch schon gelesen? Er hat nur einundneunzig Mark in der Lotterie gewonnen. Bis jetzt haben wir viel gelernt. Bist du schon in Madrid gewesen?

V. Wortschatz

el turismo	Tourismus, *hier:* Bummel
el escaparate	Schaufenster
la galería	Galerie
galerías	Kaufhaus
interesante	interessant
de todo	von allem
acompañar	begleiten
recorrer	durcheilen, -laufen, -ziehen
la tienda	Laden, Geschäft
la falda	Rock
precioso, -a	hübsch, herrlich, kostbar
al cambio	zum Wechselkurs, umgerechnet
el marco	DM
el color	Farbe

triste	traurig, trist
más bien	eher
pálido, -a	blaß
preferir	vorziehen
prefiero *(unregelmäßig)*	ich ziehe vor
chillón, -ona	grell
el vestido	Kleid
gris	grau
llevar	tragen, anhaben
sentar	stehen
sienta *(unregelmäßig)*	es steht (dir)
elegante	elegant
el abrigo	Mantel
derecha	rechts, rechte Seite
probar	anprobieren
allí	dort
¡qué lástima!	wie schade!
junto a	neben
la catedral	Dom
abrir	eröffnen
abierto *(P.P.)*	eröffnet
especializado, -a	spezialisiert, Fach ...
la confección	Bekleidung, Konfektion
ir	gehen, hingehen
costar (-ue-)	kosten
¡encantado!	entzückt, erfreut; wunderbar!
mi	mein
el deporte	Sport
favorito, -a	Lieblings ...

Lección 12 – Lektion 12

"Galerías Palma"

I. Text

Los grandes almacenes más importantes de la ciudad se llaman "Galerías Palma", y cada día son recorridos por muchas personas. El recorrido empieza en la planta baja, donde son ofrecidos los artículos de uso corriente y las ofertas especiales con motivo de fin de temporada; precisamente han empezado ya las rebajas, y se pueden encontrar verdaderas gangas.
Las plantas restantes están especializadas. Por ejemplo, en la primera planta hay artículos de señora, desde caros abrigos de pieles a faldas de ocasión, guantes, sombreros, paraguas, zapatos, medias y ropa interior.
La planta segunda está dedicada a artículos de caballero. Predominan tonos grises, azules, marrones, de discreta elegancia y precios equilibrados.
La tercera planta es muy alegre y variada. A la izquierda, hay calzado y prendas infantiles; a la derecha, artículos de deportes

y juguetes; siempre está llena de curiosos, chicos y grandes. En la última planta hay una cafetería y un restaurante, donde los clientes descansan y se fortalecen para continuar el recorrido de este paraíso, donde pueden encontrarse desde los últimos milagros de la técnica hasta plantas y animales exóticos.

II. Übersetzung

Das bedeutendste Kaufhaus der Stadt heißt "Galerías Palma", und jeden Tag wird es von vielen Personen besucht. Der Gang (durch das Kaufhaus) beginnt im Erdgeschoß, wo die üblichen Gebrauchsartikel angeboten werden sowie die Sonderangebote anläßlich des Saisonendes (Schlußverkaufssonderangebote); gerade haben die Preisreduzierungen eingesetzt, und man kann auf echte Knüller stoßen.
Die restlichen Stockwerke sind spezialisiert. Zum Beispiel gibt es im ersten Stock Damenartikel, von teuren Pelzmänteln bis zu Röcken im Sonderangebot, Handschuhen, Hüten, Schirmen, Schuhen, Strümpfen und Unterwäsche.
Das zweite Stockwerk ist für Herrenartikel bestimmt. Es dominieren graue, blaue, braune Töne von zurückhaltender Eleganz und ausgeglichene Preise.
Der dritte Stock ist sehr heiter und vielfältig. Linker Hand gibt es Schuhe und Kleider für Kinder; zur Rechten Sportartikel und Spielsachen; immer ist er voller Neugieriger - Kinder und Erwachsene.
Im letzten (obersten) Geschoß befinden sich eine Cafeteria und ein Restaurant, wo die Kunden ausruhen und sich stärken zur Fortsetzung des Gangs durch dieses Paradies, wo man von den neuesten Wundern der Technik bis zu Pflanzen und exotischen Tieren (alles) finden kann.

III. Grammatik

Veränderlichkeit des Partizip Perfekt

a) **als Adjektiv:**

una cart**a** recibid**a**	*ein eingegangener Brief*
un coche usad**o**	*ein gebrauchter Wagen (= Gebrauchtwagen)*
el diner**o** ahorrad**o**	*das gesparte Geld*
las cas**as** alquilad**as**	*die gemieteten Häuser*
los viajes pagad**os**	*die bezahlten Reisen*

b) **als Zustandspassiv:**

la cart**a** está contestad**a**	*der Brief ist beantwortet*
el vestid**o** está vendid**o**	*das Kleid ist verkauft*
las cas**as** están alquilad**as**	*die Häuser sind gemietet (oder: vermietet)*
los viajes están pagad**os**	*die Reisen sind bezahlt*

Das P.P. stimmt hier **in Geschlecht und Zahl** mit dem Bezugssubstantiv überein.

Einige Partizipien werden **unregelmäßig** gebildet:

abrir *(öffnen)* – abierto
decir *(sagen)* – dicho
hacer *(machen)* – hecho
romper *(brechen)* – roto
cubrir *(bedecken)* – cubierto
escribir *(schreiben)* – escrito
poner *(legen)* – puesto
ver *(sehen)* – visto etc.

Unregelmäßige Gruppenverben

Eine Gruppe von Verben weist folgende Unregelmäßigkeit auf: Das -o- der Stammsilbe wird, wenn diese betont ist, zu **-ue-**:

contar *(er-)zählen*

c**ue**nto	contamos	*ich zähle*	*wir zählen*
c**ue**ntas	contáis	*du zählst*	*ihr zählt*
c**ue**nta	c**ue**ntan	*er/sie/es zählt*	*sie zählen*

 v o l v e r *zurückkehren, umdrehen*

v**ue**lvo	volvemos	*ich kehre zurück*	*wir kehren zurück*
v**ue**lves	volvéis	*du kehrst zurück*	*ihr kehrt zurück*
v**ue**lve	v**ue**lven	*er/sie/es kehrt zurück*	*sie kehren zurück*

he vuelto (!) *ich bin zurückgekehrt*

Bei einer Gruppe von Verben wird das -e- der Stammsilbe, falls diese betont ist, zu **-ie-**:

c o m e n z a r *beginnen*

com**ie**nzo	comenzamos	*ich beginne*	*wir beginnen*
com**ie**nzas	comenzáis	*du beginnst*	*ihr beginnt*
com**ie**nza	com**ie**nzan	*er/sie/es beginnt*	*sie beginnen*

e n t e n d e r *verstehen, begreifen*

ent**ie**ndo	entendemos	*ich verstehe*	*wir verstehen*
ent**ie**ndes	entendéis	*du verstehst*	*ihr versteht*
ent**ie**nde	ent**ie**nden	*er/sie/es versteht*	*sie verstehen*

IV. Übungen

1. Setzen Sie die richtige Verbform ein:
Las amigas *(volver)* a casa – Yo no *(entender)* algunas palabras – ¿A qué hora *(comenzar)* las clases? – Marion *(entender)* muy bien a su amiga Adela – Las dos *(entenderse)* muy bien.

2. Setzen Sie die Verben ins Perfekt:
Junto a la Catedral abren una nueva tienda – La vendedora abre la puerta – Marion hace compras en la ciudad – Escribe las palabras difíciles – Adela le dice[1] el significado – Las amigas se ponen vestidos nuevos – ¿Vuelven pronto a casa?

[1] *sagt*

3. Antworten Sie auf spanisch:
¿Son grandes las “Galerías Palma”? / ¿Qué hay en la última planta? / ¿Está la cafetería en la planta baja? / ¿Cómo es la tercera planta? / ¿Han empezado las rebajas? / ¿Son caros los abrigos de pieles? / ¿Cómo son los precios de los artículos de caballero? / ¿Por qué hay mucha gente en la tercera planta?

4. Übersetzen Sie ins Deutsche:
En la última planta, todos los abrigos, vestidos, zapatos y guantes están vendidos. Las amigas se han fortalecido en la cafetería de los grandes almacenes antes de continuar su recorrido por las plantas de la casa. Los artículos de uso corriente suelen ser bastante baratos. Con motivo de fin de temporada, las señoras pueden comprar sobre todo medias y ropa interior. La planta baja siempre está llena de curiosos: allí pueden encontrar toda clase de juguetes, así como los últimos milagros de la técnica.

5. Übersetzen Sie ins Spanische:
Das Kaufhaus *(Plural!)* verkauft im dritten Geschoß auch Pflanzen und exotische Tiere. Die Neugierigen haben sich im Restaurant gestärkt und können jetzt den Bummel *(recorrido)* durch das kleine Paradies fortsetzen. Mein Freund Jaime hat einen echten Knüller gefunden. Sind die Preise ausgeglichen? Wo kann man Schuhe und Kinderkleidung kaufen? Die Sportartikel sind bereits verkauft. Die Verkäufer zählen um halb sieben Uhr nachmittags das Geld, das sie vorher erhalten haben. Wann kehren sie nach Hause zurück? Ich glaube um 7.15 Uhr. Dann ruhen sie ein wenig *(un poco)* aus und plaudern mit ihren Kindern, die den ganzen Tag *(todo el día)* in der Schule gewesen sind.

V. Wortschatz

el almacén	Lagerhaus
los grandes almacenes *(nur Pl.!)*	Kaufhaus, Warenhaus
los más importantes *(Superlativ!)*	die bedeutendsten
llamarse	heißen
el recorrido	Gang, gehen
son recorridos *(Passiv)*	sie werden besucht
empezar (-ie-)	beginnen

la planta	Stockwerk; Pflanze
planta baja	Erdgeschoß
ofrecer	anbieten
son ofrecidos	sie werden angeboten
el artículo	Artikel
el uso	Gebrauch
corriente	laufend, üblich
la oferta	Angebot
especial	Sonder…, speziell
el motivo	Grund
con motivo de	anläßlich
el fin	Ende, Schluß
la temporada	Saison
precisamente	gerade
la rebaja	Ermäßigung, Rabatt
encontrar	finden, stoßen auf
verdadero, -a	wahr, echt
la ganga	Gelegenheitskauf, Knüller
restante	übrig, restlich
la ocasión	Gelegenheit
desde … a	von … bis
la piel	Fell, Haut, Pelz
el guante	Handschuh
el sombrero	Hut
el paraguas (*Pl.:* los paraguas)	Regenschirm
el zapato	Schuh
la media	Strumpf
la ropa interior	Wäsche, Unterwäsche
segundo, -a	zweite
dedicado a	gewidmet, bestimmt
el caballero	Herr, Mann
predominar	vorherrschen, dominieren
el tono	Ton
azul	blau
marrón	braun
discreto, -a	diskret, zurückhaltend
la elegancia	Eleganz
el precio	Preis
equilibrado, -a	ausgeglichen, im Mittel liegend
tercero, -a	dritte
alegre	froh, heiter
variado, -a	vielfältig
a la izquierda	links, linker Hand
el calzado	Schuhe *(kollektiv)*, Schuhwerk

la prenda	Kleidungsstück
infantil	Kinder …
el juguete	Spielzeug
lleno, -a	voll
curioso, -a	neugierig; Neugierige/r
chico, -a	klein; Kind, Junge
último, -a	letzte/r, oberste/r; neueste/r
la cafetería	Cafeteria
el restaurante	Restaurant
el cliente	Kunde
descansar	sich ausruhen
fortalecerse	sich stärken
continuar	fortsetzen
el paraíso	Paradies, Wunderland
el milagro	Wunder
la técnica	Technik
el animal	Tier
exótico, -a	exotisch

Lección 13 – Lektion 13

Un veterano

Ein Veteran

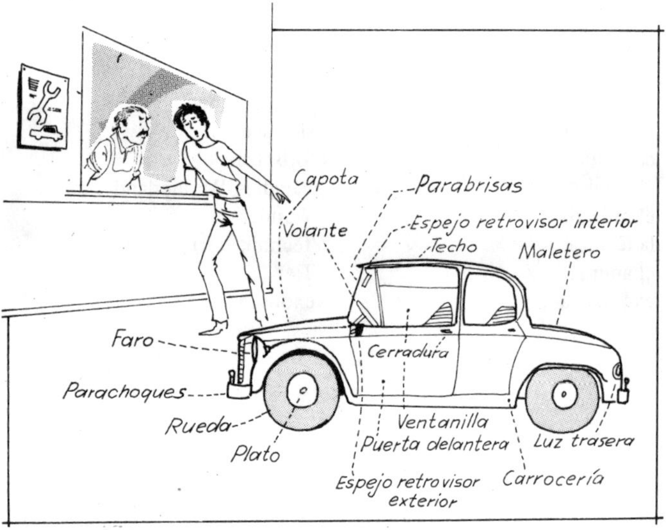

I. Text

(Manolo: *Ma.,* Mecánico: *Me.*)

Hay un ruido ensordecedor en el taller. Manolo se acerca a la ventanilla y grita:

¿Puedo dejar el coche para una inspección? Hace un ruido muy sospechoso.

Me.: ¿Qué modelo es?

Ma.: Un “Seiscientos” bastante antiguo, un veterano.

Me.: ¿Cuántos kilómetros?

Ma.: Voy a ver exactamente.

Me.: Es igual, no cuentan, creo yo. Voy a buscar la ficha; usted es cliente, ¿no?

Ma.: Sí, claro; el coche es un regalo de un tío mío, cliente de esta casa, José Rivero.

Me.: Bien, una inspección para buscar la fuente del ruido.

Ma.: También es necesario cambiar el aceite. Y los frenos andan mal; las luces a veces no funcionan ...

Me.: ¿Y se atreve Vd. a sacar este cacharro a la calle? Tiene que andar con ojo, porque la policía no respeta títulos de veterano. Además, ignoro si hay piezas de recambio para este modelo.

Ma.: En realidad, conduzco muy poco, y a poca velocidad.

Me.: Un dominguero, ¿no?

Ma.: Pues sí, eso parece. ¿Cuándo está listo?

Me.: De momento hay bastante trabajo; ¿el jueves por la tarde? A partir de las 6 puede pasar por aquí.

Ma.: De acuerdo; entonces, hasta el jueves.

Me.: ¡Por favor, las llaves!

Ma.: Aquí están.

II. Übersetzung

Ein ohrenbetäubender Lärm herrscht in der Werkstätte. Manolo nähert sich dem Schalter(fenster) und schreit: Kann ich den Wagen für eine Inspektion hierlassen? Er macht ein sehr verdächtiges Geräusch. - *Mechaniker:* Was für ein Modell ist es? - *Manolo:* Ein ziemlich alter Sechshunderter, ein Veteran. - *Me.:* Kilometerstand? - *Ma.:* Ich seh' genau nach. - *Me.:* Ist egal, sie (die km) zählen nicht, glaube ich. Ich werde die Karteikarte heraussuchen. Sie sind doch Kunde, nicht? - *Ma.:* Ja, natürlich. Der Wagen ist ein Geschenk eines Onkels von mir, José Rivero, der Kunde dieser Firma ist. - *Me.:* Gut, eine Inspektion, um die Ursache des Geräuschs herauszufinden. - *Ma.:* Außerdem ist es erforderlich, das Öl zu wechseln. Und die Bremsen funktionieren schlecht; die Beleuchtung geht manchmal nicht ... - *Me.:* Und Sie wagen sich mit dieser Kiste auf die Straße? Sie müssen aufpassen, denn die Polizei nimmt auf Veteranen(titel) keine Rücksicht. Außerdem weiß ich nicht, ob es Ersatzteile für dieses Modell gibt. - *Ma.:* In der Tat fahre ich sehr wenig und mit geringer Geschwindigkeit. - *Me.:* Ein Sonntagsfahrer also? - *Ma.:* Nun ja, es sieht so aus. Wann ist er fertig? - *Me.:* Momentan gibt's ziemlich viel Arbeit; Donnerstag nachmittag? Ab sechs können Sie vorbeischauen. - *Ma.:* Einverstanden. Dann bis Donnerstag. - *Me.:* Bitte die Autoschlüssel! - *Ma.:* Hier sind sie.

III. Grammatik

Possessivpronomen:

mi hermano	nuestro hermano	*mein Bruder*	*unser Bruder*
tu hermano	vuestro hermano	*dein Bruder*	*euer Bruder*
su hermano	su hermano	*sein/ihr/Ihr Bruder*	*ihr Bruder*
mi tía	nuestra tía	*meine Tante*	*unsere Tante*
tu tía	vuestra tía	*deine Tante*	*eure Tante*
su tía	su tía	*seine/ihre/Ihre Tante*	*ihre Tante*

Merke: Das Possessivpronomen steht **vor** dem Hauptwort und richtet sich in Geschlecht und Zahl nach diesem Hauptwort. Im Plural wird ein -s angehängt: mi**s** hermanos, tu**s** tías etc.

Bei der Deklination wird die Präposition vorangestellt:

de mi hermano — *meines Bruders*
a mi tía — *meiner Tante*

Ein Eigenschaftswort kann eingeschoben werden:

de mi nuevo coche — *meines neuen Wagens*

Es gibt noch eine zweite Gruppe von Possessivpronomen mit **starker** Betonung:

un amigo **mío** — *ein Freund von mir, einer meiner Freunde*

Unregelmäßiges Verb ir *gehen, fahren* usw.

voy	vamos	*ich gehe*	*wir gehen*
vas	vais	*du gehst*	*ihr geht*
va	van	*er/sie/es geht*	*sie gehen*
he ido		*ich bin gegangen*	
has ido		*du bist gegangen*	
etc.		usw.	

häufig rückbezüglich gebraucht: irse *weg-, fortgehen*

me voy	nos vamos	*ich gehe weg*	*wir gehen weg*
te vas	os vais	*du gehst weg*	*ihr geht weg*
se va	se van	*er/sie/es geht weg*	*sie gehen weg*
me he ido		*ich bin fortgegangen*	

ir **a** la escuela	*zur (oder: in die) Schule gehen*
ir a ver	*besuchen (gehen, um zu sehen)*
ir a la cama	*ins Bett gehen*
ir a pie	*zu Fuß gehen*
ir a caballo	*reiten*
ir en tren	*mit der Bahn reisen.*

Mit **„ir a + Infinitiv“** kann die **nahe Zukunft** oder ein **Wollen** ausgedrückt werden:

Mañana **voy a** ir al cine.	*Morgen **werde** ich ins Kino gehen.*
Voy a escribir una carta	*Ich **will** (jetzt gleich) einen Brief schreiben.*

IV. Übungen

1. Setzen Sie die richtige Verbform ein:
Manolo *(conducir)* muy bien. *(Conocer)* una estación de servicio. El mecánico no *(contar)* los kilómetros. Los frenos *(andar)* mal y las luces no *(funcionar)*. El coche *(ser)* viejo y *(hacer)* ruido. *(Atreverse)* a discutir con la policía. Jaime *(irse)* después de las ocho.

2. Antworten Sie auf spanisch:
¿Es el "Seiscientos" de Manolo nuevo? / ¿Funcionan los frenos? / ¿Es Manolo cliente? / ¿Conduce mucho Manolo? / ¿Hay mucho trabajo en la estación de servicio? / ¿Qué olvida Manolo? / ¿A qué hora está el coche listo?

3. Bilden Sie die Sätze mit dem Possessivpronomen:
(Beispiele: la llave del coche – **su** llave; yo olvido la llave – yo olvido **mi** llave)
el coche de Manolo – los frenos del coche – las piezas de recambio del "Seiscientos" – las llaves del coche – (yo) llevo el coche a la estación de servicio – (tú) olvidas las llaves – (vosotros) recogéis el coche – (vosotros) conducís el coche – el mecánico busca la ficha de Manolo.

4. Übersetzen Sie ins Deutsche:
Los frenos de nuestro coche no han funcionado muy bien. Nos hemos atrevido a conducir el cacharro a alta velocidad. Ignoramos si es necesario comprar también piezas de recambio. Las fichas de los clientes no se encuentran en la oficina *(Büro)*. Los

automovilistas andan con ojo, porque la policía no respeta el mal estado de los vehículos. La máquina *(Maschine)* hace un ruido ensordecedor. Para encontrar la fuente del ruido, el mecánico ha tenido que buscar todo el día. Cada año vamos a España en tren o en avión. Mis amigos van a pie al centro de la ciudad. Pepe se ha ido a las seis de la tarde. El va a la escuela.

5. Übersetzen Sie ins Spanische:
Morgen wollen wir einen Brief schreiben. Ein Freund von mir wird ab 7 Uhr hier vorbeikommen. Die Bremsen und der Motor seines neuen Wagens funktionieren schlecht. Man muß das Öl wechseln und die Ursache des ohrenbetäubenden Lärms suchen. Er weiß nicht, ob es noch Ersatzteile für die alte Kiste gibt. Ich fahre sehr schlecht und mit geringer Geschwindigkeit, denn ich bin ein Sonntagsfahrer. Ihr habt euch getraut, mit der Polizei zu diskutieren? Ihr müßt aufpassen, denn die Polizisten kontrollieren die Führerscheine *(los carnets)* der Autofahrer.

V. Wortschatz

el veterano	Veteran, „Oldtimer“
el mecánico	Mechaniker, Autoschlosser
el ruido	Lärm, Geräusch
ensordecedor, -a	betäubend, ohren-
el taller	Werkstätte
acercarse (a)	sich nähern (dem)
la ventanilla	Schalter(fenster)
gritar	schreien
dejar	dalassen
la inspección	Inspektion
sospechoso, -a	verdächtig
el modelo	Modell
“Seiscientos”	Sechshunderter (SEAT oder FIAT)
antiguo, -a	alt
cuántos	wie viele
el kilómetro	Kilometer
exactamente	genau
igual	gleich, egal
contar (-ue-)	zählen
buscar	suchen

la ficha	Karte, Karteiblatt
el regalo	Geschenk
mío, mía	mein, meine *(nach dem Substantiv!)*
la fuente	Quelle, Ursache
cambiar	wechseln
el aceite	Öl
el freno	Bremse
andar	gehen, funktionieren
la luz	Licht
las luces	Beleuchtung
a veces	manchmal
atreverse (a)	sich trauen, wagen (zu)
sacar	ziehen, hervorholen
el cacharro	alte Kiste (Auto)
andar con ojo	aufpassen, vorsichtig sein
el ojo	Auge
respetar	respektieren, Rücksicht nehmen
el título	Titel
ignorar	nicht wissen
ignoro	mir ist nicht bekannt
la pieza de recambio	Ersatzteil
en realidad	in der Tat
conducir	fahren
conduzco *(1. Pers.)*	ich fahre
la velocidad	Geschwindigkeit
el dominguero	Sonntagsfahrer
eso	das, dies
eso parece	es sieht so aus
cuándo	wann
listo	fertig
de momento	im Augenblick, momentan
a partir de	ab
aquí	hier
pasar por aquí	hier vorbeischauen
la llave	Schlüssel

Lección 14 – Lektion 14

Sueños

Träume

I. Text

Manolo es un fanático del motor. Conduce muy bien y está informado de las últimas innovaciones en el mundo automovilístico. Los padres conocen sus aficiones, pero no pueden convertir en realidad todos sus sueños. De momento, Manolo tiene que reducir sus ilusiones a los estrechos límites de un "Seiscientos" bastante maltratado, regalo de su tío Pepe.

A veces, cuando va al volante, se siente un as en todas las fórmulas. Menos mal que su "Seiscientos" se encarga de frenar sus fantasías, pues apenas es capaz de ir a más de 80 kilómetros por hora sin producir un ruido insoportable. Pero como los sueños no cuestan dinero, Manolo vive su mundo artificial, en el que le parece ser campeón absoluto. Ultimamente, los precios de la gasolina le han obligado a dejar su coche casi definitivamente aparcado frente a su casa. Ha reducido sus aficiones a los fines de semana, y va a pie al banco. Dice que es muy sano ir a pie, pero en el fondo sueña poseer un día un coche deportivo y ofrecer su "Seiscientos" a un museo.

II. Übersetzung

Manolo ist ein Autofan. Er fährt sehr gut und ist über die letzten Neuerungen auf dem Automobilsektor informiert. Die Eltern kennen seine Hobbies, aber sie können nicht alle seine Träume verwirklichen. Gegenwärtig muß Manolo seine Illusionen auf die engen Grenzen eines ziemlich ramponierten Sechshunderters beschränken, ein Geschenk seines Onkels Pepe.
Manchmal, wenn er am Steuer sitzt, fühlt er sich wie ein As (Superrennfahrer) aller Formeln. Gott sei Dank sorgt sein Sechshunderter dafür, daß seine Phantasie gebremst wird, denn er ist kaum in der Lage, schneller als 80 km pro Stunde zu fahren, ohne dabei einen unerträglichen Lärm zu erzeugen. Aber da die Träume kein Geld kosten, lebt Manolo in seiner irrealen Welt, in der er glaubt, absoluter Champion zu sein. In der letzten Zeit haben ihn die Benzinpreise (dazu) gezwungen, seinen Wagen fast (für) immer gegenüber seinem Hause stehen zu lassen. Er hat seine Lieblingsbeschäftigung auf das Wochenende beschränkt und geht zu Fuß zur Bank. Er sagt, daß es sehr gesund ist, zu Fuß zu gehen, aber insgeheim träumt er davon, eines Tages einen Sportwagen zu besitzen und seinen Sechshunderter einem Museum anzubieten.

III. Grammatik

Unregelmäßiges Gruppenverb

conocer	*kennen, kennenlernen*
traducir	*übersetzen*

Die auf -acer, -ocer, -ecer und -ucir endenden Verben weisen folgende Besonderheit auf:
In der 1. Person Singular Präsens wird **c** zu **zc**:

cono**zc**o	conocemos	*ich kenne*	*wir kennen*
conoces	conocéis	*du kennst*	*ihr kennt*
conoce	conocen	*er/sie/es kennt*	*sie kennen*

traduzco	traducimos	*ich übersetze*	*wir übersetzen*
traduces	traducís	*du übersetzt*	*ihr übersetzt*
traduce	traducen	*er/sie/es übersetzt*	*sie übersetzen*

Das Verb **hacer** *(machen, tun)* bildet eine Ausnahme: **hago,** haces, hace, hacemos, hacéis, hacen

Weitere wichtige Verben dieser Gruppe:

nacer	*geboren werden*	ofrecer	*anbieten*
agradecer	*danken*	parecer	*scheinen*
aparecer	*erscheinen*	pertenecer a	*gehören zu*
crecer	*wachsen*	permanecer	*bleiben*
desaparecer	*verschwinden*	conducir	*fahren, leiten*
reconocer	*anerkennen, erkennen*	introducir	*einführen*
establecer	*errichten*	reducir	*verringern*
favorecer	*begünstigen*	producir	*erzeugen*

IV. Übungen

1. Konjugieren Sie:
conducir bien – ir a pie a la oficina – no conocer el reglamento – pronunciar las palabras – ser extranjero – estar acatarrado *(Schnupfen haben)*

2. Setzen Sie die richtige Verbform ein:
Manolo *(soñar)* despierto / los sueños no *(costar)* dinero / Manolo *(reducir)* sus aficiones / los padres *(conocer)* las aficiones de Manolo / Manolo *(ofrecer)* su coche a un museo.

3. Setzen Sie ins Perfekt:
el coche hace ruido – el mecánico pregunta – Manolo responde – las luces funcionan mal – el mecánico abre la ventanilla – Manolo no ve los kilómetros – la policía no respeta títulos de veterano – el cliente escribe el nombre en la ficha.

4. Übersetzen Sie ins Deutsche:
Los alumnos dejan sus coches aparcados frente a la escuela. ¿Están Uds. informados de las últimas innovaciones en el mundo

de la electrónica? Conozco muy bien las aficiones de mi novia, pero ella tiene que reducir sus ilusiones porque no tiene dinero suficiente. Apenas es capaz de comprarse un "Seiscientos". Los precios de la gasolina nos obligan a ir a pie. ¿Posee Ud. un coche deportivo? Los automovilistas han ofrecido sus coches maltratados al Museo Alemán. Cuando va al volante, mi hermano *(Bruder)* se siente un verdadero campeón. Sus colegas han establecido un taller de reparaciones en Munich.

5. Übersetzen Sie ins Spanische:
Ich übersetze den Satz *(frase)* aus dem Deutschen *(del alemán)* ins Spanische *(al español)*. Eure Träume kosten kein Geld. Gott sei Dank, daß der Wagen nur 8 Liter *(litros)* Benzin verbraucht *(gastar)*. Die Maschine ist ziemlich ramponiert, denn ihr Eigentümer *(propietario)* kann nicht fahren. Die Studenten parken ihre alten Kisten gegenüber dem Bahnhof *(estación)*. Manolo und Jaime sind verschwunden. Weißt du, wo sie gegenwärtig sind? Wir wollen in Santander bleiben, denn die Stadt ist in der Tat sehr attraktiv *(atractivo)*. Neuerdings hat die Polizei neue Regeln eingeführt. Der Motor des Sportwagens erzeugt Abgase *(gases de escape)*.

V. Wortschatz

el sueño	Traum
fanático, -a	fanatisch; Fanatiker, Fan
el motor	Motor
informar	informieren, unterrichten
la innovación	Neuheit, Neuerung
el mundo	Welt
conocer	kennen
conozco *(1. Pers.)*	ich kenne
la afición	Hobby, Neigung, Lieblingsbeschäftigung
convertir (-ie-) en realidad	verwirklichen
reducir	beschränken
la ilusión	Illusion
estrecho, -a	eng
el límite	Grenze
maltratado, -a	ramponiert
al volante	am Steuer

14

sentirse (-ie-)	sich fühlen
el as	Meister, As, Champion
la fórmula	Formel
menos mal que	Gott sei Dank, daß; ein Glück, daß
encargarse (de)	dafür sorgen, daß; übernehmen
apenas	kaum
capaz	fähig, in der Lage
producir	machen, erzeugen
insoportable	unerträglich
artificial	künstlich, irreal
el campeón	Champion
absoluto, -a	absolut
últimamente	neuerdings, in der letzten Zeit
el precio	Preis
la gasolina	Benzin
obligar a	verpflichten, zwingen zu
definitivamente	endgültig, für immer
aparcar	parken, abstellen
frente a	gegenüber
a pie	zu Fuß
sano	gesund
en el fondo	im Grunde, insgeheim
soñar (-ue-)	träumen
poseer	besitzen
deportivo, -a	Sport-
el museo	Museum

Lección 15 – Lektion 15

Libertad de prensa

Pressefreiheit

I. Text

Don Antonio Rivero espera en la estación de una pequeña población provinciana, donde ha reunido material para un reportaje sobre problemas de información rural. Se acerca al quiosco.

(Señor Rivero: *R.*, Quiosquera: *Q.*)

R.: ¿Me da un periódico, por favor?

Q.: ¿Le interesa uno especial?

R.: ¿Tiene "El País"?

Q.: De Madrid no me queda ninguno. Sólo puedo ofrecerle un par de hojas de provincia …

R.: ¿Le queda alguna revista ilustrada?

Q.: Tengo "Gente"; ¿o prefiere una más seria?

R.: No me interesan las revistas serias. ¿Qué puede ofrecerme además de "Gente"?

Q.: Pues verá usted: "La Cotorra", una nueva publicación humorística; creo que le gustará.

R.: Sí, la conozco; no es mala.

La quiosquera, con mucho misterio, saca una revista de un cajón y la muestra discretamente al Sr. Rivero.

Q.: La tengo reservada para un cliente fijo, pero se ha ido de veraneo y no sé cuándo volverá. ¿La quiere? Le diré que es un poco ... pornográfica.

R.: Usted verá si la puede vender ... ¿Cuánto es?

Q.: Son 50 duros; algo cara, ¿no?

R.: La libertad de prensa no resulta nunca demasiado cara, señora. La vuelta, para usted.

Q.: Gracias. Y, por favor, no me traicionará, ¿verdad?

R.: Las fuentes de información son secreto profesional.

II. Übersetzung

Antonio Rivero wartet auf dem Bahnhof einer kleinen Provinzortschaft, wo er Material für eine Reportage über Probleme der Information auf dem Lande zusammengetragen hat. Er nähert sich dem Kiosk.

Herr Rivero: Geben Sie mir eine Zeitung, bitte? – *Kioskbesitzerin:* Interessiert Sie eine spezielle? – *R.:* Haben Sie "El País"? – *K.:* Aus Madrid habe ich keine mehr. Ich kann Ihnen nur ein paar Provinzblätter anbieten ... – *R.:* Haben Sie irgendeine Illustrierte? – *K.:* Ich habe "Gente". Oder ziehen Sie eine ernstere vor? – *R.:* Die ernsten Illustrierten interessieren mich nicht. Was können Sie mir außer "Gente" anbieten? – *K.:* Nun schauen Sie mal: (Hier) "La Cotorra", eine neue humoristische Publikation. Ich glaube, sie wird Ihnen gefallen. – *R.:* Ja, ich kenne sie. Sie ist nicht schlecht. – *Die Kioskbesitzerin holt – sehr geheimnisvoll – eine Zeitschrift aus einer Schublade und zeigt sie diskret Herrn Rivero. K.:* Ich habe sie für einen festen Kunden reserviert, aber er ist in Urlaub gefahren, und ich weiß nicht, wann er zurückkommen wird. Wollen Sie sie? Ich sage Ihnen aber, daß sie ein wenig ... pornographisch ist! – *R.:* Sie werden schon sehen, ob Sie sie verkaufen können ... Wieviel kostet sie? – *K.:* 50 Duros. Etwas teuer, nicht? – *R.:* Die Pressefreiheit ist nie zu teuer, meine Dame. Das Wechselgeld ist für Sie. – *K.:* Danke. Und bitte, Sie werden mich nicht verpfeifen? Nicht wahr? – *R.:* Die Informationsquellen sind Berufsgeheimnis.

Personalpronomen im Dativ und Akkusativ:

Nom.	*yo*	*tú*	*él*	*ella*	*ello*	*Ud.*	*nosotros nosotras*	*vosotros vosotras*	*ellos ellas*	*Uds.*
Dat.	me	te	le	le	le	le	nos	os	les	les
Akk.	me	te	le/lo	la	lo	le la	nos	os	los las	les las

Diese Formen findet man **nur in Verbindung** mit einem Verb.

Stellung: wie beim reflexiven Verb

me llama por teléfono — *er ruft **mich** an*
me da el billete de banco — *er gibt **mir** die Banknote*
no **me** escribe una carta — *sie schreibt **mir** keinen Brief*
no **me** ha dado la mano — *er hat **mir** die Hand nicht gegeben*
quiere ayudar**me** — *sie will **mir** helfen*
no queremos ver**te** — *wir wollen **dich** nicht sehen*
no ha querido recibir**os** — *er hat **euch** nicht empfangen wollen*

Das Pronomen im Dativ bzw. Akkusativ steht also **vor** der konjugierten Verbform oder es wird an den Infinitiv angehängt.

Bei der **dritten Person** ist im Akkusativ zu beachten:

le (les) bei männl. Personen, **la** (las) bei weibl. Personen:
le saludo (a Pedro) — *ich grüße ihn (Peter)*
la saludo (a María) — *ich grüße sie (Maria)*
hoy, le veo por la calle (a Ud.) — *heute sehe ich Sie auf der Straße*
(sehr höflich formuliert)

lo (los) bei männl. Sachen, Begriffen etc.:
lo compro (el coche) — *ich kaufe ihn (den Wagen)*
los leo (los libros) — *ich lese sie (die Bücher)*

la (las) bei weibl. Sachen, Begriffen, etc.:
la vendo (la casa) — *ich verkaufe es (das Haus)*
la ha matado (la vaca) — *er hat sie getötet (die Kuh)*

In den verschiedenen spanischsprechenden Ländern findet man immer wieder Abweichungen. So wird z. B. in Südamerika "lo" im Akkusativ für männliche Personen gebraucht:

no **lo** he visto (a Pedro)	*ich habe ihn nicht gesehen (Peter)*
statt: no **le** he visto	

lo ist ferner reines Neutrum (ohne Plural!) im Akkusativ:

lo sé	*ich weiß es*
no lo he comprendido	*ich habe es nicht begriffen*

IV. Übungen

1. Verwenden Sie anstelle des Objekts das Personalpronomen:
(*Beispiel:* El Sr. Rivero paga **la revista** - El Sr. Rivero **la** paga) La quiosquera entrega una revista al Sr. Rivero - La vendedora saluda al cliente - El cliente compra el periódico - El periodista lee la carta - Adela llama a Jaime por teléfono - Manolo conduce el coche - El Sr. Rivero quiere comprar periódicos - En el quiosco no venden publicaciones de Madrid.

2. Setzen Sie das richtige Personalpronomen ein:
El Sr. Rivero está en Oviedo. ... informamos y ... mandamos *(schicken)* revistas. ... hemos comprado en un quiosco. - Mi sobrino *(Neffe)* quiere visitar... . - Los amigos están en casa. ¿Vas a buscar...? Tienes que entregar... el dinero. - Las dos amigas son muy guapas. ¿Ya ... conoces? - He escrito mucho. ¿... sabe Ud.? - La revista ... interesa mucho al Sr. Rivero.

3. Antworten Sie auf spanisch:
¿Qué publicaciones ofrece la quiosquera? / ¿Qué desea el Sr. Rivero? / ¿Cuánto cuesta la revista que compra? / ¿Qué tipo de publicación es "La Cotorra"? / ¿Es "Gente" una publicación muy seria? / ¿Qué clase de publicación compra el Sr. Rivero?

4. Übersetzen Sie ins Deutsche:
Los padres les han prometido pagarles el viaje a América. Voy a llamarle por teléfono. Manolo me ha enseñado su coche veterano. Lo he visto por primera vez. Quiere venderlo a un museo. Señores *(meine Herren)*, me alegro mucho de haberles encon-

trado en la estación. Todo el material del reportaje lo ha reunido el Sr. Rivero en una pequeña población provinciana. La conoce desde hace muchos años. A la quiosquera no le queda ninguna revista ilustrada de Madrid. Manolo saca dos libros del cajón y los muestra discretamente a su amigo. Nuestros padres se han ido de veraneo y no sabemos cuándo volverán.

5. Übersetzen Sie ins Spanische:

Wo sind die Zeitungen? Ich habe sie nicht gefunden. Er hat ein Buch aus dem Schrank *(armario)* geholt und hat es dem Lehrer gezeigt. "La Cotorra" ist eine neue humoristische Veröffentlichung. Ich möchte sie kaufen. Die Verkäuferin hat (= hält) sie für einen Stammkunden reserviert. Der Kunde wird sie nicht verraten, denn die Informationsquelle ist für ihn ein Berufsgeheimnis. Meine Dame, ich habe Sie heute vormittag nicht angerufen, weil ich keine Zeit gehabt habe. Es bleibt ihr kein Geld mehr; ich weiß es.

V. Wortschatz

la libertad	Freiheit
la prensa	Presse
la estación	Bahnhof
la población	Ortschaft, kleine Stadt
provinciano, -a	Provinz…
reunir	sammeln, zusammentragen
el material	Material, Stoff
el reportaje	Reportage
rural	ländlich
el quiosco	Kiosk
la quiosquera	(Zeitungs-)Verkäuferin, Kioskbesitzerin
interesar	interessieren
el país	Land
"El País"	eine bekannte, in Madrid erscheinende Tageszeitung
quedar	(übrig)bleiben
un par	ein Paar; ein paar
la hoja	Blatt
la provincia	Provinz
la revista	Zeitschrift
la revista ilustrada	Illustrierte
la gente *(Sing.!)*	Leute *(Pl.!)*

15

serio, -a	ernst
más serio	ernster
ver	sehen
verá	Sie werden ja sehen!
la cotorra	Wellensittich; *fig.* Klatschbase
la publicación	Publikation
humorístico, -a	humoristisch
el misterio	Geheimnis
el cajón	Schublade
mostrar (-ue-)	zeigen
discretamente	diskret *(Adv.)*
reservar	reservieren
la tengo reservada	ich halte sie reserviert
fijo, -a	fest
el cliente fijo	Stammkunde
el veraneo	Sommerferien
irse de veraneo	in den (Sommer-)Urlaub fahren
volver (-ue-)	zurückkommen
volverá	er wird zurückkommen
decir	sagen
diré	ich werde sagen
pornográfico, -a	pornographisch
el duro (= 5 pesetas)	5 Peseten (Münze)
la vuelta	Wechselgeld, Rest
traicionar	verraten, verpfeifen
el secreto	Geheimnis
el secreto profesional	Berufsgeheimnis

Lección 16 – Lektion 16

El precio de la libertad

Der Preis der Freiheit

I. Text

Pocas cosas habrán cambiado tanto en España como el panorama publicístico. Hoy, la prensa española no es tan aburrida, a Dios gracias, como hace sólo unos pocos años. Si a usted le interesa informarse de lo que pasa en el mundo, puede comprar un periódico de difusión nacional, generalmente editado en Madrid o Barcelona. Si prefiere ponerse al día en lo tocante a la política de las diversas regiones, será mejor procurarse una publicación de provincias. En cualquiera de los casos, los problemas son hoy expuestos con toda claridad, a veces con cierto espíritu combativo, sin censura de ninguna clase.
Naturalmente, a la prensa española de la nueva época democrática le ha ocurrido lo que les ocurre a todas las libertades recién conquistadas: con frecuencia, nos parece un poco frívola,

sobre todo, las publicaciones más o menos sensacionalistas, en las que predomina el sexo y la información superficial.
El Sr. Rivero, periodista de profesión, a veces se siente algo perplejo, al ver expuestas al público revistas en extremo provocativas. Pero prefiere este período de adaptación, con ciertas expresiones de gusto discutible, a los tiempos pasados de información dictada y controlada desde arriba.

II. Übersetzung

Wenige Dinge dürften sich in Spanien so sehr verändert haben wie das publizistische Panorama (Pressewesen). Heute ist die spanische Presse - Gott sei Dank - nicht so langweilig wie noch vor einigen Jahren. Wenn Sie (daran) interessiert sind, sich über das, was in der Welt geschieht, zu informieren, können Sie eine im ganzen Land verbreitete Zeitung kaufen, die im allgemeinen in Madrid oder Barcelona herausgegeben wird. Wenn Sie es vorziehen, sich auf dem laufenden zu halten in bezug auf die Politik der verschiedenen Regionen, dann wird es besser sein, sich eine Veröffentlichung der Provinzen zu besorgen. Auf jeden Fall werden die Probleme heute mit aller Klarheit dargestellt, manchmal mit einem gewissen kämpferischen Geist, ohne Zensur irgendwelcher Art.
Natürlich ist auf die spanische Presse der neuen demokratischen Epoche das zugekommen, was auf alle neugewonnenen Freiheiten zukommt: häufig kommt sie uns ein wenig leichtfertig/frivol vor, vor allem die mehr oder weniger sensationslüsternen Publikationen, in welchen Sex und oberflächliche Information vorherrschen.
Herr Rivero fühlt sich als Berufsjournalist manchmal etwas verwirrt, wenn er sieht, daß der Öffentlichkeit höchst provozierende Zeitschriften vorgelegt werden. Aber er zieht diese Periode der Anpassung, mit gewissen Ausdrücken eines zweifelhaften Geschmacks, den vergangenen Zeiten vor, als die Information von oben diktiert und kontrolliert wurde.

Futur I: An die Grundform des Zeitworts werden die Endungen **-é, -ás, -á, -emos, -éis, -án** angehängt.

tomar**é**	tomar**emos**	*ich werde nehmen*	*wir werden nehmen*
tomar**ás**	tomar**éis**	*du wirst nehmen*	*ihr werdet nehmen*
tomar**á**	tomar**án**	*er/sie/es wird nehmen*	*sie werden nehmen*

iré, irás, etc.	*ich werde gehen, du wirst gehen usw.*
venderé, venderás, etc.	*ich werde verkaufen, du wirst v. usw.*
seré, serás, etc.	*ich werde sein, du wirst sein usw.*

Merkhilfe: Die Futurendungen sind gleichlautend mit den Präsensendungen von "haber"!

Bei einigen Verben gibt es **Verkürzungen** bzw. es wird ein **-d-** eingeschoben:

salir *(weggehen)*	sal**d**ré, sal**d**rás, etc.
venir *(kommen)*	ven**d**ré, ven**d**rás, etc.
tener *(besitzen)*	ten**d**ré, ten**d**rás, etc.
haber *(haben)*	habré, habrás, etc.
	habrá (zu: hay) *es wird geben*
hacer *(machen)*	haré, harás, etc.

Anwendung des Futurs:

1. Als reines Futur:

En este país, los hombres trabajarán menos.	*In diesem Land werden die Menschen weniger arbeiten.*
Dentro de poco estaré con mi familia.	*In Kürze werde ich bei meiner Familie sein.*

2. Als Befehl:

¡No matarás!	*Du sollst nicht töten!*
¡A las ocho estarás aquí!	*Um acht wirst du hier sein!*

3. Als Vermutung, Annahme:

Este señor tendrá unos cuarenta años.	*Dieser Herr dürfte ca. 40 Jahre alt sein.*
Seguramente habrá mucha gente.	*Sicher werden viele Leute da sein (wird es viele Leute geben).*
Pocas cosas habrán cambiado tanto …	*Wenige Dinge dürften sich so sehr verändert haben …*

Unregelmäßiges Zeitwort dar *geben*

doy	damos	*ich gebe*	*wir geben*	he dado	*ich habe gegeben*
das	dais	*du gibst*	*ihr gebt*		
da	dan	*er/sie/es gibt*	*sie geben*		

darse prisa *sich beeilen*

IV. Übungen

1. Verneinen Sie die folgenden Sätze:

Los problemas son expuestos con claridad – La libertad es demasiado cara – Hay publicaciones provocativas – Algunos se sienten perplejos – Muchos prefieren la censura – La prensa debe ser controlada – Me parece que hoy ha cambiado mucho en España – Se pueden comprar periódicos de provincias.

2. Lesen Sie:

75 pesetas; 36 días; 25 duros; estamos a 27 de mayo; son las 14.45; las clases empiezan a las 8,30; comemos a las 12 y cenamos a las 19,15; en clase hay 25 alumnos; a las 13,00 llega el tren de Zaragoza; mi amigo vive en el número 73 de esta misma calle; el 1 de mayo es fiesta; el 25 es tu casa.

3. Antworten Sie auf spanisch (mit sí/no; ganze Sätze!):
¿Es periodista el Sr. Rivero? / ¿Hay periódicos de Madrid? / ¿Prefiere el Sr. Rivero periódicos de provincias? / ¿Quiere revistas serias? / ¿Son frívolas algunas revistas? / ¿Se puede uno informar de todo? / ¿Es "La Cotorra" una revista conocida?

4. Setzen Sie ins Futur:
¿Me *(vender)* la revista? / ¿*(Ir)* vosotros al cine? / Esta tarde *(tomar)* un café contigo / ¿Qué hora *(ser)*? / Mañana *(haber)* mucho trabajo / ¿Quién *(venir)* con Paco? / Nosotros *(venir)* a la hora / *(Haber)* que esperar.

5. Übersetzen Sie ins Spanische:
Heute sind die spanischen Zeitungen, die Illustrierten und andere Veröffentlichungen nicht so langweilig wie noch vor wenigen Jahren. Herr Rivero und seine Familie wollen sich über das, was in der kleinen Ortschaft, in der Hauptstadt des Landes und in der Welt passiert, informieren. Sein Vater, ein Berufsjournalist, wird eine Zeitung ohne jede Art von Zensur in Madrid herausgeben. Manchmal fühle ich mich etwas verunsichert (perplex), wenn ich sehe, daß *(al ver que …)* es gewisse Formen zweifelhaften Geschmacks gibt. Mein Lehrer zieht diese Zeitspanne der Anpassung den vergangenen Zeiten der von oben diktierten und kontrollierten Information vor. In der Sensationspresse werden immer Sex und oberflächliche Berichterstattung vorherrschen. Es dürfte besser sein, sich eine Provinzzeitung zu beschaffen, um sich in bezug auf die Regionalpolitik *(p. regional)* auf dem laufenden zu halten.

V. Wortschatz

tanto … como	so (sehr) … wie
el panorama	Panorama
publicístico, -a	publizistisch, Presse …
tan … como	so … wie
aburrido, -a	langweilig
a Dios gracias/gracias a Dios	Gott sei Dank
hace sólo unos pocos años	erst vor wenigen Jahren
lo que	was, das was *(relativ!)*
la difusión	Verbreitung

nacional	national
de difusión nacional	im ganzen Lande verbreitet
editar	herausgeben, veröffentlichen
poner	stellen, setzen, legen
ponerse al día	sich auf dem laufenden halten
tocante	betreffend
en lo tocante a	in bezug auf
la política	Politik
diverso, -a	verschieden
mejor	besser
procurarse	sich besorgen, sich beschaffen
cualquier, -a	irgendwelche(r)
el caso	Fall
en cualquiera de los casos	auf jeden Fall (*wörtlich:* in jedem beliebigen der Fälle)
exponer (*P.P.:* expuesto)	darlegen, darstellen, aussetzen
son expuestos	werden dargelegt *(Passiv)*
a veces	manchmal
cierto, -a	gewisse(r)
el espíritu	Geist
combativo, -a	kämpferisch
la censura	Zensur
naturalmente	natürlich, selbstverständlich
la época	Epoche
democrático, -a	demokratisch
ocurrir	passieren, vorkommen, zukommen auf
me ocurre algo	mir passiert etwas, mir stößt etwas zu
recién	neu
conquistar	erobern, gewinnen
con frecuencia	häufig, oft
frívolo, -a	frivol, leichtfertig
sobre todo	vor allem
más o menos	mehr oder weniger
sensacionalista	Sensations…, sensationslüstern
el sexo	Sex
superficial	oberflächlich
perplejo	verwirrt, verunsichert
al ver	wenn er sieht (*wörtlich:* beim Sehen)
el público	Öffentlichkeit
en extremo	extrem, äußerst, höchst
provocativo, -a	provozierend

preferir una cosa **a** otra	eine Sache einer anderen vorziehen
el período	Periode, Zeitraum
la adaptación	Anpassung
la expresión	Ausdruck
el gusto	Geschmack
discutible	zweifelhaft, fraglich, diskutierbar
dictar	diktieren, vorschreiben
controlar	kontrollieren
desde arriba	von oben

Lección 17 – Lektion 17

Ilusiones románticas

Romantik

I. Text

La Sra. de Rivero aprovechó la salida de compras para pasar por una agencia de viajes. Está ya ocupada con los preparativos del veraneo y quiere ver lo que ofrece el mercado turístico.

(Doña Julia: *J.*, Señorita: *S.*)

J.: Por favor, señorita, ¿me da unos prospectos del litoral mediterráneo?

S.: ¿Desea prospectos generales, o de hoteles y apartamentos?

J.: Llevaré de todo, para estudiarlos despacio en casa. El año pasado fuimos a Peñalba, pero no nos gustó.

S.: Aquí tengo estos prospectos de "Atlas"; me parecen bastante interesantes, aunque ya es un poco tarde …

J.: El año pasado alquilamos un apartamento que nos agradó mucho; pero lo malo es que todo está invadido de turistas nacionales y, sobre todo, extranjeros.

S.: La región de Peñalba se ha puesto de moda últimamente.
J.: Efectivamente. Hasta para visitar el castillo hay que guardar cola; y de las playas, es preferible no hablar.
S.: Eso pasa con casi todas las localidades de la costa mediterránea; el sol de España, ¿sabe? Pero conozco un par de urbanizaciones al sur del Ebro …
J.: De urbanizaciones, prefiero no hablar. Son muy cómodas, pero no tienen carácter. Si nos falla Peñalba, elegiremos un pueblo tranquilo de pescadores …
S.: ¿Pueblo tranquilo de pescadores en el Mediterráneo?
J.: Creo que será mejor algo de la costa atlántica, ¿no?
S.: ¿El Norte o Galicia?
J.: Galicia, por favor.
S.: Es usted muy romántica.
J.: ¡Claro! Soy gallega.

II. Übersetzung

Frau Rivero nützte den Einkauf, um bei einem Reisebüro vorbeizuschauen. Sie ist bereits mit den Vorbereitungen des Sommerurlaubs beschäftigt und möchte sehen, was der Touristikmarkt (an)bietet.
Doña Julia (= Frau Rivero): Bitte, mein Fräulein, können Sie mir Prospekte über die Mittelmeerküste geben? – *Señorita:* Wollen Sie allgemeine Prospekte oder solche über Hotels und Appartements? – *J.:* Ich werde von allem (etwas) mitnehmen, um sie in aller Ruhe zu Hause zu studieren. Im letzten Jahr fuhren wir nach Peñalba, aber es hat uns nicht gefallen. – *S.:* Hier habe ich diese Prospekte von „Atlas"; sie scheinen mir ziemlich interessant (zu sein), obwohl es schon ein wenig spät ist … – *J.:* Im vergangenen Jahr mieteten wir ein Appartement, das uns sehr zusagte; aber das Schlimme ist, daß alles von Touristen aus Spanien und vor allem aus dem Ausland überflutet ist. – *S.:* Das Gebiet von Peñalba ist in der letzten Zeit in Mode gekommen. – *J.:* Tatsächlich. Sogar um die Burg zu besichtigen, muß man Schlange stehen; und über die Strände spricht man am besten gar nicht. – *S.:* Dies trifft auf fast alle Orte der Mittelmeerküste zu. Die Sonne Spaniens! Wissen Sie? Aber ich kenne einige Ferienkolonien südlich des Ebro … – *J.:* Über Ferienkolonien

spreche ich lieber nicht. Sie sind sehr komfortabel, aber sie haben keine Atmosphäre. Wenn aus Peñalba nichts wird, werden wir (uns) ein ruhiges Fischerdorf aussuchen … – *S.:* Ein ruhiges Fischerdorf am Mittelmeer? – *J.:* Ich glaube, etwas an der Atlantikküste dürfte besser sein, nicht? – *S.:* Der Norden oder Galicien? – *J.:* Galicien, bitte. – *S.:* Sie sind sehr romantisch. – *J.:* Natürlich! Ich bin (ja) Galicierin!

III. Grammatik

Neben dem "perfecto compuesto" (s. Lektion 11) gibt es eine weitere **Vergangenheitsform:** das **Pretérito indefinido** (auch als "perfecto simple" bezeichnet)

trabaj**é**	trabaj**amos**	*ich arbeitete/ich habe gearbeitet*
trabaj**aste**	trabaj**asteis**	*du arbeitetest*
trabaj**ó**	trabaj**aron**	*er/sie/es arbeitete* usw.
vend**í**	vend**imos**	*ich verkaufte/ich habe verkauft*
vend**iste**	vend**isteis**	*du verkauftest*
vend**ió**	vend**ieron**	*er/sie/es verkaufte* usw.
recib**í**	recib**imos**	*ich erhielt/ich habe erhalten*
recib**iste**	recib**isteis**	*du erhieltst*
recib**ió**	recib**ieron**	*er/sie/es erhielt* usw.

Zur Beachtung: Die erste Person Plural der a- und i-Konjugation ist identisch mit den entsprechenden Präsensformen (Vergangenheit ist also nur aus dem Kontext ersichtlich).

Anwendung: Handlung/Ereignis **im abgeschlossenen Zeitraum** (jedoch nicht gewohnheitsmäßig):

Ayer hablé con mi padre.	*Gestern sprach ich mit meinem Vater.*
Hace tres días compré una revista.	*Vor drei Tagen kaufte ich eine Zeitschrift.*
La semana pasada escribiste un informe.	*Vergangene Woche schriebst du einen Bericht.*

jedoch:

Hoy he hablado con mi padre.	*Heute habe ich mit meinem Vater gesprochen.*
Esta mañana le he encontrado en la calle.	*Heute morgen habe ich ihn auf der Straße getroffen.*
Hasta ahora no hemos estudiado mucho.	*Bis jetzt haben wir nicht viel studiert.*

(vgl. Lektion 11)

Bei einer Reihe von Verben ist das "pretérito indefinido" **unregelmäßig:**

estar	estuve	estuvimos	
	estuviste	estuvisteis	(ohne Akzente!)
	estuvo	estuvieron	
tener	tuve	tuvimos	
	tuviste	tuvisteis	
	tuvo	tuvieron	
ser + ir	fui	fuimos	(Die Verben "ser" und
	fuiste	fuisteis	"ir" haben im Pret.
	fue	fueron	indef. gleiche Formen!)

Beachte:

Ayer **estuve en** el teatro.	*Gestern war ich im Theater.*
Ayer **fui al** teatro.	*Gestern ging ich ins Theater.*

IV. Übungen

1. Setzen Sie in die Vergangenheit (pret. perf. ***und*** *indef.):*
Estamos de vacaciones / Compran periódicos / Se venden tomates / Alquiláis un apartamento / Trabajas mucho / No recibo el coche a tiempo / Visitan el castillo / Llegan tarde.

2. Ergänzen Sie im Singular und bilden Sie den Plural:
pueblo tranquil-; localidad mediterráne-; prospecto interesant-;

urbanización cómod-; costa atlántic-; litoral frecuentad-; carácter peculiar; mujer romántic-; turista extranjer-; región important- y tranquil-

3. Berichtigen Sie die folgenden Sätze (nach dem Text "Ilusiones románticas"):

A la Sra. de Rivero le gustó mucho Peñalba / El año pasado estuvieron en un hotel / Peñalba es una playa tranquila y poco frecuentada / Las urbanizaciones tienen mucho carácter.

4. Übersetzen Sie ins Deutsche:

Ayer aprovechamos el recorrido por la ciudad para pasar por la estación central. Estamos ya ocupados con los preparativos de vacaciones *(Ferien, Urlaub)*, pues queremos hacer un viaje al litoral mediterráneo. El año pasado estuvimos en el Norte y en Galicia, donde vivimos en una urbanización de apartamentos cerca de la playa. Para visitar el castillo y otras atracciones turísticas, tuvimos que guardar cola y esperar hora y media. Para preparar bien las vacaciones en España, hay que dirigirse a una agencia de viajes para obtener todos los prospectos de hoteles y pensiones, y estudiarlos despacio en casa. Fueron juntos al cine. Hace dos años estuvisteis en Inglaterra *(England)*. Hasta ahora no habéis olvidado las fuertes impresiones de las costas británicas.

5. Übersetzen Sie ins Spanische:

Ich werde alle Prospekte mitnehmen, denn sie sind wichtig für die (Sommer-)Urlaubsvorbereitungen. Vorgestern schaute ich bei dem Reisebüro in der kleinen Provinzstadt vorbei, denn dort kann man sehen, was der Touristikmarkt bietet. Ein Sommerurlaub an der Atlantikküste Spaniens ist in den letzten Jahren zur Mode geworden. Wenn aus Galicien nichts wird, werdet ihr eine Ferienkolonie an der Mittelmeerküste auswählen. Das Schlimme ist, daß alle Küsten *(todas las c.)* Spaniens, Portugals, Frankreichs *(Francia)* und Italiens von Urlaubern überschwemmt sind.

V. Wortschatz

la ilusión	Einbildung, Vorstellung
romántico, -a	romantisch
la salida	Ausgang
la salida de compras	der Einkauf(sweg)
la agencia de viajes	Reisebüro
los preparativos	Vorbereitungen
turístico, -a	touristisch, Fremdenverkehrs...
dar *(s. Lektion 16)*	geben
el prospecto	Prospekt
el litoral	Küste
mediterráneo, -a *(Adj.)*	Mittelmeer...
el Mediterráneo	das Mittelmeer
general	allgemein, generell
el hotel	Hotel
el apartamento	Appartement
el año pasado	letztes Jahr
aunque	obwohl
alquilar	mieten
agradar	gefallen, zusagen
lo malo es que	das Schlimme ist, daß
invadir	überfallen, überfluten, besetzen
el turista	Tourist
nacional	national; *hier:* aus Spanien
extranjero, -a	ausländisch; Ausländer/in
ponerse de moda	in Mode kommen, zur Mode werden
la moda	Mode
efectivamente	tatsächlich, genau
hasta	*hier:* sogar
visitar	besuchen
el castillo	Burg, Festung
guardar cola	Schlange stehen, anstehen
la playa	Strand
es preferible	es ist vorzuziehen, besser, am besten
la localidad	Ort
la costa	Küste
el sol	Sonne
la urbanización	*hier:* Feriensiedlung, -kolonie
el sur	Süden
al sur de	südlich von
el carácter	Charakter; *hier:* Atmosphäre

17	fallar	fehlschlagen, nichts werden aus
	elegir *(unregelmäßig)*	wählen, aussuchen
	el pueblo	Dorf
	el pescador	Fischer
	atlántico, -a	atlantisch
	el norte	Norden
	Galicia	Galicien (Region im äußersten NW Spaniens)
	gallego, -a	galicisch, Galicier/in

Lección 18 – Lektion 18

¡Adiós, Peñalba!

Auf Wiedersehen, Peñalba!

I. Text

El año pasado, la familia Rivero pasó las vacaciones en la costa mediterránea, en una pintoresca localidad de mucha historia, llamada Peñalba. A los hijos, les gustó mucho el lugar: las playas, amplias y de fina arena, atraen el interés de cada vez más turistas, y la población posee una atmósfera peculiar, debida en parte a un impresionante castillo que se levanta en un promontorio litoral, como un buque anclado en el mar azul. Cuando llegaron – ya de noche – la panorámica que ofrecía la silueta iluminada era de una impresionante grandeza, que les dejó atónitos a todos. Para los padres, el espectáculo no era nuevo. Habían pasado un par de veranos en Peñalba cuando aún no tenían hijos, y entonces, Peñalba no era un centro turístico tan concurrido como ahora. Todo lo contrario, parecía un pueblo primitivo y atrasado, con una o dos pensiones baratas. Como los hijos no conocían el primitivo pueblo de antaño, no quedaron decepcionados ante el cambio experimentado por Peñalba; por el contrario, les encantó la animación que reinaba por todas partes. Con la afluencia de turistas, han crecido como hongos hoteles, torres de apartamentos sin plan ni gusto, discotecas y supermercados. El castillo medieval parece un ser extraño en medio de edificios de hormigón. Pero esto sólo lo notaron doña Julia y don Antonio; para sus hijos, Peñalba fue el escenario de unas vacaciones dinámicas, cosmopolitas, multitudinarias ...

II. Übersetzung

Im vergangenen Jahr verbrachte die Familie Rivero die Ferien an der Mittelmeerküste in einem malerischen Ort mit viel Geschichte, namens Peñalba. Den Kindern hat der Ort sehr gefallen: die weiten und feinsandigen Strände ziehen das Interesse von immer mehr Touristen auf sich, und der Ort besitzt eine eigenartige Atmosphäre, bedingt zum Teil durch eine eindrucksvolle Burg, die sich auf einem Küstenvorgebirge erhebt wie ein Schiff, das auf dem blauen Meer vor Anker gegangen ist. Als sie ankamen - bereits nachts - war der Rundblick, den die beleuchtete Silhouette bot, von einer beeindruckenden Pracht, die alle sprachlos ließ. Für die Eltern war das Schauspiel nicht neu. Sie hatten einige Sommer in Peñalba verbracht, als sie noch keine Kinder hatten, und damals war Peñalba (noch) kein so besuchtes Touristenzentrum wie heute. Ganz im Gegenteil schien es ein primitives und rückständiges Dorf (zu sein), mit einer oder zwei billigen Pensionen. Da die Kinder das primitive Dorf von einst nicht kannten, waren sie angesichts des von Peñalba durchgemachten Wandels nicht enttäuscht; im Gegenteil, das bewegte Treiben, das überall herrschte, begeisterte sie. Mit dem Zustrom der Touristen sind Hotels, Appartementhochhäuser ohne Plan noch Geschmack, Diskotheken und Supermärkte wie Pilze aus dem Boden geschossen. Die mittelalterliche Burg wirkt wie ein merkwürdiges Wesen inmitten von Gebäuden aus Beton. Aber dies registrierten nur Doña Julia und Don Antonio; für ihre Kinder war Peñalba der Schauplatz pulsierender, kosmopolitischer, von Menschenmassen beherrschter Ferien ...

III. Grammatik

Eine weitere Form der **Vergangenheit** ist das **Imperfecto** (Imperfekt, Präteritum), auch "Pretérito imperfecto" genannt:

habl**aba**	habl**ábamos**	*ich sprach*	*wir sprachen*
habl**abas**	habl**abais**	*du sprachst*	*ihr spracht*
habl**aba**	habl**aban**	*er/sie/es sprach*	*sie sprachen*
vend**ía**	vend**íamos**	*ich verkaufte*	*wir verkauften*
vend**ías**	vend**íais**	*du verkauftest*	*ihr verkauftet*
vend**ía**	vend**ían**	*er/sie/es verkaufte*	*sie verkauften*
escrib**ía**	escrib**íamos**	*ich schrieb*	*wir schrieben*
escrib**ías**	escrib**íais**	*du schriebst*	*ihr schriebt*
escrib**ía**	escrib**ían**	*er/sie/es schrieb*	*sie schrieben*

Zur Beachtung: Die 1. und 3. Person Sing. sind jeweils identisch.

Anwendung:

a) **Beschreibung** in der Vergangenheit (Fragestellung: Was war schon?):

Los pájaros cantaban. — *Die Vögel sangen.*
El sol brillaba. — *Die Sonne schien.*

b) **Gewohnheitsmäßiges Tun** in der Vergangenheit:

Viajaban cada año a la capital. — *Sie reisten jedes Jahr in die Hauptstadt.*

Mi abuelo fumaba siempre puros auténticos. — *Mein Großvater rauchte immer echte Zigarren.*

c) Für **bereits laufende Handlung oder Zustand** in der Vergangenheit mit hinzukommendem Ereignis:

Ella **hablaba** cuando **entré** yo. — *Sie sprach, als ich eintrat.*

No estábamos en casa cuando él llamó. — *Wir waren nicht zu Hause, als er anrief.*

18 d) **Parallel laufende Handlungen** in der Vergangenheit:

Ella trabajaba mientras el niño jugaba.	*Sie arbeitete, während das Kind spielte.*

Drei Verben haben unregelmäßige Formen:

ser		ir		ver	
era	éramos	iba	íbamos	veía	veíamos
eras	erais	ibas	ibais	veías	veíais
era	eran	iba	iban	veía	veían

IV. Übungen

1. Setzen Sie ins Imperfekt:

Las playas son amplias; el pueblo es un centro turístico; van de vacaciones; habláis poco; todos miran atónitos; se ve el castillo iluminado; los turistas invaden la playa; llamo por teléfono; la señorita de la agencia no tiene prospectos; los hijos no tienen interés; es ya tarde; son las siete y media.

2. Setzen Sie in die entsprechende Vergangenheit:

Hoy *(levantarme)* muy tarde; ayer *(levantarme)* temprano; cuando ella *(preparar)* el desayuno, *(llamar)* tú por teléfono; hace 20 años *(ocurrir)* un grave accidente en esta playa; desde entonces, todo *(cambiar)*.

3. Antworten Sie auf spanisch (in ganzen Sätzen!):

¿Les gustó Peñalba a los padres?; ¿y a los hijos? ¿Por qué? / ¿A qué hora llegaron? / ¿Se veía el castillo? ¿Por qué? / ¿Conocían los hijos el pueblo primitivo? / ¿Son elegantes los edificios de hormigón? / ¿Pasaron bien las vacaciones en Peñalba?

4. Übersetzen Sie ins Deutsche:

También nuestra ciudad en Alemania es atractiva para el turismo internacional porque es muy pintoresca e interesante desde el punto de vista *(Standpunkt, Gesichtspunkt)* histórico. Antes de la guerra íbamos siempre a Italia. La puerta estaba abierta cuando entrasteis. Mi cuñado *(Schwager)* estudiaba mientras su hermana estaba en el colegio *(Gymnasium)*. Entonces, el pueblo no era un lugar tan concurrido como en la actualidad *(Gegenwart)*. Cuando llegaron, ya era de noche.

5. Übersetzen Sie ins Spanische:
Den Touristen gefiel die Stadt sehr, denn sie besaß eine eigenartige Atmosphäre. Als ich zur Polizeistation kam, wartete dort bereits Tante Adela. Die Pracht der beleuchteten Silhouette machte (= ließ) uns alle sprachlos. Als unsere Freunde noch keine Kinder hatten, reisten sie jedes Jahr nach Kolumbien *(Colombia)*. Die Betonbauten haben uns sehr enttäuscht. Alles hat sich verändert. Nur die mittelalterliche Burg erhebt sich stolz *(orgulloso)* wie ein großes Schiff auf dem weiten Meer.

V. Wortschatz

adiós	auf Wiedersehen
pintoresco, -a	malerisch
la historia	Geschichte
llamar	rufen; nennen; heißen
el lugar	Ort
amplio, -a	breit, ausgedehnt, weit
fino, -a	fein
la arena	Sand
atraer (*1. Pers.:* atraigo)	anziehen
el interés	Interesse
cada vez más	immer mehr
la atmósfera	Atmosphäre
peculiar	eigenartig
debido, -a a	wegen, dank, bedingt durch
en parte	zum Teil
impresionante	beeindruckend, eindrucksvoll
levantarse	sich erheben
el promontorio	Anhöhe, Vorgebirge
litoral *(Adj.)*	Küsten…
el buque	Schiff
anclado, -a	verankert, vor Anker gegangen
el mar	Meer
de noche	in der Nacht, nachts
la panorámica	Anblick, Gesamtschau, Rundblick
la silueta	Silhouette
iluminado, -a	beleuchtet

18

la grandeza	Pracht, Größe
les … a todos	sie alle *(Akk.)*
atónito, -a	sprachlos
el espectáculo	Schauspiel
habían pasado	hatten verbracht *(Plusquamperfekt)*
aún	noch
entonces	damals; dann
concurrido, -a	überlaufen, stark besucht
todo lo contrario	ganz im Gegenteil
primitivo, -a	primitiv, einfach
atrasado, -a	rückständig
barato, -a	billig
antaño	früher, einst
decepcionado, -a	enttäuscht
no quedaron decepcionados	sie waren nicht enttäuscht
experimentar	erfahren, durchmachen
por el contrario	im Gegenteil
encantar	entzücken, begeistern
la animación	das bewegte Treiben
reinar	herrschen
por todas partes	überall
la afluencia	Andrang, Zustrom
crecer	wachsen
como hongos	wie Pilze
la torre	Turm, Hochhaus
sin plan ni gusto	ohne Plan noch Geschmack
la discoteca	Diskothek
el supermercado	Supermarkt
medieval	mittelalterlich
parecer	scheinen, wirken wie
el ser	Wesen
extraño, -a	fremd, merkwürdig
en medio de	mitten in, inmitten
el edificio	Bau, Gebäude
el hormigón	Beton
notar	bemerken, registrieren
el escenario	Schauplatz
dinámico, -a	dynamisch, pulsierend
cosmopolita	kosmopolitisch, viele Völker und Länder verbindend
multitudinario, -a	Massen…, von Menschenmassen bestimmt

Lección 19 – Lektion 19

Consejo de familia

Familienrat

I. Text

Ya se está acercando el veraneo, y la familia Rivero, como de costumbre por tales fechas, discute de sobremesa el plan de vacaciones.

Manolo: Yo, este año paso. Va a ser el primero en que me independizo. He prometido a Marion acompañarla un par de semanas, para mostrarle algo de España. Todavía andamos programando el viaje.

Adela: Pues si tú nos dejas plantados, yo tampoco me comprometo antes de hablar con Jaime.

Paco: ¡No hay derecho! ¡Entonces, yo...!

Padre: ¡Tú te callas!

Y mira a su esposa. Doña Julia parece decirle que sí, que los hijos se van independizando.

Madre: Estoy pensando que va a ser muy difícil llegar a un acuerdo; pero, en fin, alguna vez tenía que ser la última. No queremos imponeros ningún plan, porque sois mayorcitos para seguir sometiéndoos a un plan que ha de hacerse a base de compromisos.

Padre: ¡Un año todavía ..., el último! ¿Qué os parece? Por mí, puede venir también Jaime contigo, Adela; y Marion, no faltaba más, contigo, Manolo. ¿Tan difícil va a ser ponerse de acuerdo?

Paco: ¡Una idea genial, papá!

Padre: ¡He dicho que tú te callas!

Paco: A mí nadie me pregunta ... ¡No hay derecho!

Terminan poniéndose de acuerdo: Jaime y Marion se añadirán a la familia Rivero. Irán a las rías gallegas, cerca de Portugal. Es la única manera de dar gusto a todos; con seguridad, por última vez.

II. Übersetzung

Es nähert sich bereits der Sommerurlaub, und die Familie Rivero diskutiert – wie üblich in diesen Tagen – nach Tisch über den Urlaubsplan.

Manolo: Dieses Jahr passe ich. Es wird das erste sein, in dem ich mich freimache. Ich habe Marion versprochen, sie einige Wochen zu begleiten, um ihr etwas von Spanien zu zeigen. Wir sind noch am Planen der Reise. – *Adela:* Also, wenn du uns sitzen läßt, binde ich mich auch nicht, ehe ich mit Jaime gesprochen habe. – *Paco:* Das ist doch unerhört! Dann (werde) ich ...! – *Vater:* Du bist still! – *Und er blickt seine Gattin an. Doña Julia scheint ihm zu sagen, daß es stimmt, daß die Kinder allmählich selbständig werden.* – *Mutter:* Ich überlege gerade, daß es sehr schwierig sein wird, zu einer Einigung zu kommen; aber schließlich mußte es einmal das letzte Mal sein. Wir wollen euch keinen Plan aufdrängen, denn ihr seid groß genug, um euch weiterhin einem Plan unterzuordnen, der auf der Grundlage von Kompromissen gemacht werden muß. – *Vater:* Ein Jahr noch ...! Das letzte! Was meint ihr? Von mir aus kann auch Jaime mit dir (mit-)kommen, Adela; und Marion selbstverständlich mit dir, Manolo. So schwer wird es sein, sich zu einigen? – *Paco:* Eine geniale Idee, Papa! – *Vater:* Ich habe gesagt, (du sollst) daß du still bist! – *Paco:* Mich fragt niemand ... Das ist unerhört!

Sie kommen zum Ende, indem sie sich einigen: Jaime und Marion schließen sich der Familie Rivero an. Sie werden an die "Rías" Galiciens fahren, in der Nähe Portugals. Es ist die einzige Art und Weise, allen entgegenzukommen; mit Sicherheit zum letzten Mal.

III. Grammatik

Gerundium (gerundio)

An den Stamm der Verben der a-Konjugation wird **-ando** (z. B.: tom**ando**),
an den Stamm der Verben der e- und i-Konjugation **-iendo** (z. B.: vend**iendo** / escrib**iendo**) angehängt

Diese Formen sind **immer unveränderlich** und dürfen nicht als Adjektiv verwendet werden.

Anwendung:
a) Zur Bildung der Verlaufsform: **estar** + Gerundium

Estoy escribiendo una tarjeta.	*Ich schreibe **gerade** eine Karte.*
Miguel **está trabajando** en el taller.	*Michael arbeitet **gerade** in der Werkstätte.*
Te **estás lavando** la cara.	*Du wäschst dir **gerade** das Gesicht.*

b) Zur Nuancierung des Verbs:
ir + Gerundium: langsam, allmählich erfolgen

Los precios **van subiendo.**	*Die Preise steigen nach und nach.*
¿Cómo estás? Vamos tirando.	*Wie geht's? So einigermaßen.*

venir + Gerundium: über einen langen Zeitraum hinweg erfolgen

Desde hace mucho tiempo **viene coleccionando** sellos.	*Seit langer Zeit sammelt er Briefmarken.*

continuar/seguir + Gerundium: weiterhin etwas tun

Continuó tomando píldoras.	*Er nahm weiter Pillen.*
Siguen sometiéndose a un plan.	*Sie ordnen sich weiterhin einem Plan unter.*

c) zur Verkürzung von **Hauptsätzen:**

Se fue **saludando.** — *Er ging (weg) und grüßte (er ging grüßend fort).*

NB: Im Spanischen ist das Gerundium jedoch **kein Partizip!**

Ferner bei Sätzen, die im Deutschen mit **wobei, indem, und** fortgeführt werden:

Lo dice **mirando** a su hermano. — *Er sagt es, indem (wobei) er seinen Bruder anblickt. (... und blickt dabei seinen Bruder an)*

Terminan **poniéndose** de acuerdo. — *Sie kommen zum Ende, indem sie sich einigen.*

d) Zur Verkürzung von **Nebensätzen:**

Habiendo terminado el trabajo, me fui a casa. — *Nachdem ich die Arbeit beendet hatte, ging ich nach Hause.*

Teniendo que esperar largo tiempo, se puso nerviosa. — *Da sie lange warten mußte, wurde sie nervös.*

Tomando el avión, llegarás más pronto. — *Wenn du das Flugzeug nimmst, wirst du schneller ankommen.*

IV. Übungen

1. Berichtigen Sie nach dem Dialog unter I.:

Manolo desea pasar las vacaciones con sus padres / Paco está de acuerdo con lo que dice Adela / Adela no quiere hablar antes con Jaime / La madre piensa que será fácil llegar a un acuerdo / Al final, se ponen de acuerdo: irán a la costa mediterránea.

2. Setzen Sie ins Gerundium:

Mi padre está *(preparar)* un viaje al extranjero / Los amigos de Pepe siguen *(pasar)* unos días de vacaciones; ya van *(pensar)* en el viaje de vuelta a su casa / La mujer estaba *(lavar)* la ropa cuando ocurrió el accidente / Mi amigo sigue *(trabajar)* en el extranjero / Continuaron todos *(gritar)* / Me voy *(habituar).*

3. "ser" oder "estar"?
Hoy ... jueves; ... a 12 de mayo; ... las 14,30 y el tiempo ... muy bueno. / Los alumnos ... cansados; ... muy aplicados, pero ... en clase desde las 9 de la mañana. / Mi madre ... enferma; ... una enfermedad bastante grave; ... en casa de mi hermana; mi hermana ... enfermera de profesión; su esposo ... médico.

4. Übersetzen Sie ins Deutsche:
Se están acercando las vacaciones y la familia está discutiendo el programa del veraneo. Los hijos se van independizando. Andan programando otro viaje. Jaime y su novia se están añadiendo a la familia Rivero. Conchita se marchó saludándome. Lo habéis dicho informándonos sobre el asunto. Continuaban escribiéndonos cartas. Desde hace muchos años el profesor viene explicando *(lesen)* Filosofía de la Edad Media *(Mittelalter)*. Nos estamos lavando la cara, las manos y los pies.

5. Übersetzen Sie ins Spanische:
Wir werden zu den "Rías" Galiciens fahren, um dort unsere Sommerferien zu verbringen. Was machst du gerade? Ich diskutiere mit meinem Vater. Er antwortet mir, wobei er seine Schwester ansieht. Doña J. scheint ja zu sagen. Die Freunde ließen uns nicht sitzen, denn sie sind pünktlich gekommen. Ich will dir kein Programm aufdrängen, denn du bist groß genug, um dich selbständig zu machen. Es dürfte sehr schwierig sein, zu einer Übereinkunft zu gelangen. Um allen entgegenzukommen, muß man einen Plan auf der Grundlage von Kompromissen machen.

V. Wortschatz

el consejo	Rat; Ratschlag
el consejo de familia	Familienrat
como de costumbre	wie üblich
tal	solch(e)
la fecha	Datum
por tales fechas	zu dieser Zeit, in diesen Tagen
de sobremesa	nach Tisch, nach dem Essen
pasar	*hier:* passen, nicht mitmachen
independizarse	sich unabhängig machen, selbständig werden, sich freimachen
prometer	versprechen, zusagen

andar programando	noch am Planen sein
dejar plantado	versetzen, sitzenlassen
comprometerse	sich verpflichten, sich binden
antes de	bevor, ehe
no hay derecho	*wörtlich:* es gibt kein Recht *hier:* das ist doch unerhört!
callarse	schweigen, den Mund halten
decir que sí	ja sagen
digo que sí	ich sage ja
irse independizando	sich allmählich unabhängig machen
estar pensando	gerade denken/überlegen
llegar a un acuerdo	sich einigen, zu einem Einverständnis gelangen
en fin	schließlich (und endlich)
alguna vez	irgendwann einmal
imponer	aufdrängen, aufzwingen
mayor(cito, -a)	groß (genug), ziemlich erwachsen
seguir	folgen, weitermachen
someterse a	sich fügen, sich unterordnen
haber de	müssen
ha de hacerse	muß gemacht werden
a base de	auf der Grundlage von
el compromiso	Kompromiß
¿qué os parece?	was meint ihr?
por mí	von mir aus, meinetwegen
venir	kommen
contig**o** *(unveränderlich)*	mit dir
conmig**o**	mit mir
ponerse de acuerdo	sich einigen
la idea	Idee
genial	genial
nadie	niemand
añadir(se)	hinzufügen; *hier:* sich anschließen
la ría	Ría: fjordähnliche Meeresbucht in Galicien
dar gusto	gefallen, entgegenkommen
con seguridad	sicherlich
por última vez	zum letztenmal
enfermo, -a	krank
la enfermedad	Krankheit
la enfermera	Krankenschwester
el médico	Arzt

Lección 20 – Lektion 20

Algo se rompe ...

Etwas zerbricht ...

I. Text

La familia Rivero conserva todavía una armonía envidiable. Los conflictos generacionales no parecen afectarla mucho, a 10 años del siglo XXI. En parte, se debe a que los padres no tratan de imponer su criterio a los hijos y los toman en serio. Naturalmente, esto exige mucho tacto y comprensión por ambas partes. A doña Julia, a veces, le cuesta admitir alguna moda "progre" de su hija, Adela; y don Antonio, aun siendo bastante abierto y tolerante, con frecuencia se queda perplejo al oír ciertas respuestas que hace sólo treinta o cuarenta años eran consideradas como absolutas faltas de respeto a la autoridad del jefe de familia. Pero se ha ido habituando poco a poco a no confundir la franqueza de las actuales generaciones con la falta de respeto.

Por ejemplo, aun habiendo llegado a un acuerdo en la programación de las vacaciones, los padres han tenido que aceptar compromisos que en modo alguno les resultaron aceptables a primera vista. Con toda seguridad, serán las últimas vacaciones en familia; viendo las reacciones de Adela, Manolo y hasta de Paco, no hace falta ser profeta para suponerlo.

II. Übersetzung

Familie Rivero bewahrt noch eine beneidenswerte Harmonie. Die Generationskonflikte scheinen sie nicht sehr zu berühren, 10 Jahre vor Beginn des 21. Jahrhunderts. Zum Teil ist das dadurch bedingt, daß die Eltern nicht versuchen, ihre Vorstellungen den Kindern aufzuzwingen, und sie ernst nehmen. Natürlich verlangt dies viel Takt und Verständnis von beiden Seiten. Doña Julia fällt es manchmal schwer, eine Fortschrittsmode ihrer Tochter Adela zu akzeptieren; und Don Antonio, obwohl (er) ziemlich aufgeschlossen und tolerant (ist), ist häufig verwirrt, wenn er bestimmte Antworten hört, welche vor nur dreißig oder vierzig Jahren als absolute Mängel an Respekt vor der Autorität des Familienoberhauptes betrachtet wurden. Aber er hat sich ganz allmählich daran gewöhnt, die Offenheit der heutigen Generation(en) nicht mit dem Mangel an Respekt zu verwechseln.
So zum Beispiel - selbst wenn man zu einer Übereinstimmung in der Urlaubsplanung gekommen ist - haben die Eltern Kompromisse akzeptieren müssen, welche sich für sie keinesfalls auf den ersten Blick als akzeptabel erwiesen. Mit absoluter Sicherheit dürften es die letzten Familienferien sein; wenn man die Reaktionen von Adela, Manolo und sogar von Paco betrachtet, braucht man kein Prophet zu sein, um es anzunehmen.

III. Grammatik

A. **Grundzahlen** (Fortsetzung von Lektion 9):

101 ciento uno	ciento **un** caballos *101 Pferde*
102 ciento dos	ciento **una** cabras *101 Ziegen*
etc.	
200 doscientos/as	doscient**as** una pesetas *201 Peseten*
	doscient**os** veinti**ún** marcos *221 Mark*
	doscient**as** noventa y nueve libras *299 Pfund*
300 trescientos/as	
400 cuatrocientos/as	
500 quinientos/as	"y" steht nur zwischen Einern und Zehnern!
600 seiscientos/as	
700 setecientos/as	
800 ochocientos/as	
900 novecientos/as	novecientos tres dólares *903 Dollar*
1000 mil	
2000 dos mil	
21.000 veinti**ún** mil	
100.000 cien mil	
1.000.000 un millón *eine Million*	un millón **de** libros *1 Million Bücher*
mil millones *eine Milliarde* (in Amerika: un billón!)	

1990 mil novecientos noventa
am/der 12. Oktober 1492: el doce de octubre de mil cuatrocientos noventa y dos

B. **Ordnungszahlen:**

Im Spanischen werden gewöhnlich nur die Ordnungszahlen (números ordinales) von 1 bis 10 gebraucht:

primero/a/s	*erster/erste/erstes*
segundo/a/s	*zweiter/zweite/...*
tercero/a/s	*dritter/dritte/...*
cuarto/a/s	*vierter/vierte/...*
quinto/a/s	*fünfter/fünfte/...*
sexto/a/s	*sechster/sechste/...*
séptimo/a/s	*siebter/siebte/...*
octavo/a/s	*achter/achte/...*
noveno/a/s	*neunter/neunte/...*
décimo/a/s	*zehnter/zehnte/...*

el primer*) día de la semana
der erste Tag der Woche

el tercer*) hombre
der dritte Mann

*) primero und tercero werden vor dem maskulinen Substantiv im Singular verkürzt zu **primer** bzw. **tercer.**

Beim **Datum** wird nur der **1.** mit der Ordnungszahl gebildet:

Hoy estamos a **primero** de diciembre.	*Heute haben wir den ersten Dezember.*

Anmerkung: Ordnungszahlen stehen meist **vor** dem Substantiv.

Unregelmäßiges Gruppenverb pedir *fordern, verlangen, bitten*
in den **stammbetonten** Formen, ferner wenn die Endung mit -io, -ie oder -a beginnt, wird **e** zu **i**:

Präsens Indikativ:		*Pretérito indefinido:*	
pido	pedimos	pedí	pedimos
pides	pedís	pediste	pedisteis
pide	piden	pidió	pidieron
	Gerundium: pidiendo		

Regelmäßig sind:

Imperfecto:	*Perfecto:*	*Futuro:*
pedía etc.	he pedido etc.	pediré etc.

Wichtige Verben dieser Gruppe:

corregir	*korrigieren*	servir	*dienen*
despedir(se)	*(sich) verabschieden, entlassen*	vestir(se)	*(sich) kleiden*
impedir	*hindern*	sonreir	*lächeln*
reir	*lachen*	expedir	*versenden*
repetir	*wiederholen*	conseguir	*gelingen, erreichen*
seguir	*folgen, weitermachen*	(consigue	*es gelingt ihm)*

IV. Übungen

1. Lesen Sie laut und setzen Sie die richtige Verbform ein:

El rey Felipe V *(ser)* el primero de la Casa de Borbón en España; el año 1700 *(entrar)* en Madrid; *(sucederle)* su hijo Luis I, que *(reinar)* sólo unos meses. Carlos I de España y V de Alemania, llamado el Emperador, *(ser)* el primero de la Casa de Austria; *(nacer)* el año 1500 y *(morir)* en Yuste el año 1558. 365 días; 24 horas; 800 pesetas; 700 marcos; 355 personas. Colón descubrió América el 12 de octubre de 1492. Son 21 marcos. El 2 de mayo de 1802, el pueblo de Madrid se levantó contra Napoleón. Vive en el V piso. Alfonso XIII murió en Roma.

2. Konjugieren Sie (Präsens, Imperfekt, Pret. indef.):

pedir permiso; repetir la lección; conseguir una información; seguir un mal consejo; impedir un accidente; despedirse de los amigos.

3. Bilden Sie Fortsetzungen:

El primer día de la semana es lunes. El segundo día …
El primer mes del año se llama enero. El segundo mes …

4. Übersetzen Sie ins Deutsche:

Algunos jóvenes tratan de imponer su criterio a los padres, pero éstos no los toman en serio. A veces me cuesta mucho aceptar las ideas de ciertos jefes de familia. Me he ido habituando a la moda "progre" de mis alumnas. Mi abuelo nació el dos de agosto de mil novecientos uno. Han ganado ochocientos mil francos en la lotería francesa. El “Tercer Hombre” es una película bastante conocida. La fábrica expidió las mercancías el día treinta y uno de octubre. Consiguió llegar a un compromiso. No hace falta despedirse de las enfermeras. Muchas señoritas se visten según la última moda. Corrijo las faltas que habéis hecho; con seguridad serán las últimas.

5. Übersetzen Sie ins Spanische:

Das junge Ehepaar *(matrimonio)* bewahrt noch eine beneidenswerte Harmonie und Fröhlichkeit *(alegría)*. Häufig bin ich verunsichert (verwirrt), wenn ich bestimmte Kriterien höre *(al oír…)*, die vor 30 oder 40 Jahren als Mangel an Respekt vor den Eltern betrachtet wurden. Seine Frau hat ihm siebenhundertsiebenundsechzig Mark gegeben. Der Eigentümer der Werkstätte entließ vorgestern seinen Mechaniker. Die Regierung hat viele Milliarden Dollar für die armen Länder ausgegeben *(gastar)*. Kolumbus *(Colón)* entdeckte Amerika am zwölften Oktober vierzehnhundertzweiundneunzig. Dies ereignete sich vor zirka fünfhundert Jahren.

V. Wortschatz

romper	zerreißen, (zer)brechen *(trans.)*
romperse	zerbrechen *(intrans.)*
conservar	erhalten, bewahren
la armonía	Eintracht; Harmonie
envidiable	beneidenswert
el conflicto	Konflikt
generacional	Generations…
afectar	berühren, betreffen
a … de …	entfernt von
a 2 kilómetros del pueblo	2 km vom Dorf entfernt
el siglo	Jahrhundert
tratar de	versuchen zu
el criterio	Gesichtspunkt, Kriterium, Vorstellung
tomar en serio	ernst nehmen
exigir	verlangen
el tacto	Takt, Fingerspitzengefühl

la comprensión	Verständnis
ambos, -as	beide
costar (-ue-)	kosten, *hier:* schwerfallen
admitir	annehmen, zulassen, akzeptieren
"progre" (progresista)	Fortschritts…
aun *(+gerundio)*	auch wenn, selbst wenn
abierto	offen, aufgeschlossen
tolerante	tolerant
oír	hören
la respuesta	Antwort
considerar	betrachten
la falta	Mangel
el respeto	Ehrfurcht, Achtung, Respekt
el jefe	Chef, (Ober-)Haupt
habituarse	sich gewöhnen
confundir	verwechseln
la franqueza	Offenheit, Ehrlichkeit
actual	heutig, aktuell
la generación	Generation
la programación	Programmierung
aceptar	annehmen
en modo alguno	keinesfalls
aceptable	annehmbar
a primera vista	auf den ersten Blick
la reacción	Reaktion
no hace falta	es ist nicht erforderlich
el profeta	Prophet
suponer	annehmen
el rey	König
el emperador	Kaiser

Lección 21 – Lektion 21

Discusiones inútiles

Nutzlose Diskussionen

I. Text

(Adela: *A.*, Madre: *M.*)

A.: Mamá, ¿te fijas en ese bikini amarillo? Es precioso, ¿verdad? Y resulta baratísimo.

M.: Demasiado caro para la tela que tiene. Aquel bañador azul es mucho más elegante; además, resulta más barato que el bikini.

A.: ¡Porque no es tan moderno! ¿Y este bikini rojo? Es monísimo, y casi tan barato como el bañador.

M.: ¡Y casi tan ligero como el bikini amarillo!

A.: Ahora se llevan cosas más ligeras que antes, mamá. Es que tú perteneces a una generación en que la moral se medía por metros: a más tela, más decencia. Ahora, la gente no materializa tanto la virtud …

M.: Sí, claro, lo mejor es no abrir la boca. Cuanto más os consentimos, tanto más progresistas os parecemos. No sois tan críticos y objetivos como creéis; papá opina lo mismo que yo.

A.: Papá es mucho más “progre” de lo que tú piensas.

M.: Será tan “progre” como tú dices, pero con toda seguridad opina que tú no necesitas ser la más “progre” de la ciudad.

A.: Mamá, por Dios, con ideas tan anticuadas, no es posible seguir hablando.

M.: Quién sabe; a lo mejor, mis ideas tienen más que ver con el buen gusto que con la vieja moral.

II. Übersetzung

Adela: Mama, schau mal diesen gelben Bikini an! Er ist doch herrlich, nicht wahr? Und spottbillig! – *Mutter:* Viel zu teuer für den Stoff, aus dem er gemacht ist. Dieser blaue Badeanzug dort ist viel eleganter; außerdem ist er billiger als der Bikini. – *A.:* Weil er nicht so modern ist! Und dieser rote Bikini? Er ist todschick und fast so billig wie der Badeanzug. – *M.:* Und fast so leicht wie der gelbe Bikini! – *A.:* Jetzt trägt man leichtere Sachen als früher, Mama. Du gehörst nämlich einer Generation an, bei der die Moral nach Metern gemessen wurde: je mehr Stoff (man trug), desto mehr Anstand (war vorhanden). Heute machen die Leute die Tugend nicht mehr so vom Materiellen abhängig ... – *M.:* Ja, natürlich, das beste ist, den Mund nicht aufzumachen. Je mehr wir euch zustimmen, desto fortschrittlicher kommen wir euch vor. Ihr seid nicht so kritisch und objektiv, wie ihr glaubt; Papa meint dasselbe wie ich. – *A.:* Papa ist viel fortschrittlicher, als du denkst (glaubst). – *M.:* Er dürfte so fortschrittlich sein, wie du sagst, aber ganz sicherlich ist er der Meinung, daß du nicht die Fortschrittlichste (in) der ganzen Stadt zu sein brauchst. – *A.:* Mama, mein Gott, bei so veralteten Vorstellungen ist es nicht möglich weiterzusprechen. – *M.:* Wer weiß! Vielleicht haben meine Vorstellungen mehr mit gutem Geschmack als mit alter Moral zu tun.

Steigerung des Adjektivs

Komparativ: Vor das Adjektiv wird **más** bzw. **menos** gesetzt

más guapo, **más** inteligente	*hübsch**er**, intelligent**er***
Carmen es **más** guapa **que** María.	*Carmen ist hübsch**er** **als** Maria.*
Pedro es **menos** inteligente **que** Juan.	*Peter ist **nicht so** intelligent **wie** Hans. (weniger … als …)*

Bei Gleichheit:

Teresa es **tan** guapa **como** Luisa.	*Therese ist (eben)**so** hübsch **wie** Luise.*

A. Relativer Superlativ (Relation/Bezug vorhanden!): Vor den Komparativ bzw. das Substantiv wird der Artikel gesetzt.

el/la más inteligente	*der/die intelligent**este***
Ana es **la más** guapa (de todas, de 3 chicas).	*Anna ist **die** schön**ste** (von allen, von – mindestens – 3 Mädchen)*
Pedro es **el menos** inteligente (de todos, de 3 chicos).	*Peter ist **der am wenigsten** intelligente (von allen, von 3 Jungen).*
Ana es **la** chica **más** guapa.	*Anna ist das schönste Mädchen.*

Beachte: Der Artikel wird also nach dem Substantiv (im Gegensatz zum Französischen!) **nicht** wiederholt.

B. Absoluter Superlativ (kein Vergleich, nur starke Betonung der Eigenschaft = Elativ) wird gebildet durch:

a) **Voranstellen** von **muy:**

muy rico	*sehr reich, steinreich*
muy guapa	*sehr hübsch, bildhübsch*
muy inteligente	*sehr intelligent, hochintelligent*
muy pobre	*sehr arm, bettelarm*

b) **Anhängen** von **-ísimo** (evtl. vorhandener Endvokal entfällt; Rechtschreibung beachten!):

rico	ri**qu**ísimo	*reich*	*sehr reich, steinreich*
mucho	muchísimo	*viel*	*sehr viel*
largo	larg**u**ísimo	*lang*	*sehr lang*

Bei einigen Adjektiven kann nur **-érrimo** angehängt werden:

célebre – celebérrimo	*sehr berühmt*
áspero – aspérrimo	*sehr rauh (Klima)*

c) **Wiederholung** des Adjektivs:

Dolores es una chica guapa guapa. (nur umgangssprachlich!)	*D. ist ein sehr, sehr hübsches Mädchen.*

d) Voranstellen von **re-, rete-, requete**

refeo	*sehr häßlich*
requetemalo	*sehr schlimm*

e) Ferner finden sich **unregelmäßige** Formen:

máximo	*maximal; sehr groß*
mínimo	*minimal; sehr klein, sehr gering*
óptimo	*optimal; sehr gut*
pésimo	*sehr schlecht*

Satzvergleich:

Juan gasta **más** dinero **del que** gana.	*Hans gibt mehr Geld aus, als er verdient.*
Ella tiene **más** paciencia **de la que** cree Ud.	*Sie hat mehr Geduld, als Sie glauben.*
Tiene **más** libros **de los que** desea leer.	*Er hat mehr Bücher, als er zu lesen wünscht.*

21 Compra **menos** cerillas **de las que** necesita. — *Sie kauft weniger Streichhölzer, als sie braucht.*

Regel: Folgt auf "que" *(als)* ein neues Verb, dann muß der Artikel des Bezugssubstantivs (nach "más" oder "menos") im Genitiv vor "que" stehen.

Pablo es **más** aplicado **de lo que** Uds. creen. — *Paul ist fleißiger, als Sie glauben.*

Regel: Steht "más" (oder "menos") allein oder nur mit einem Adjektiv, so wird **de lo** vor "que" (= **de lo que**) gesetzt.

IV. Übungen

1. Expresar en superlativo (absoluto):
el bikini azul es moderno – el bañador es barato – el bikini rojo es elegante – Adela es progresista – la madre es anticuada – la hija es crítica – la juventud es objetiva.

2. Formar frases comparativas:
(*Modelo:* 1. Adela es más/menos elegante que María; 2. Adela [no] es tan elegante como María)
María, Adela (guapa); Pepe, Manolo (simpático); ciudad, pueblo (interesante); español, alemán (fácil/difícil); playa, montaña (tranquilo); falda, blusa (caro); padre, madre (progresista)

3. Responder (afirmativa y negativamente):
¿Piensa la madre que Adela tiene buen gusto? / ¿Compran los bikinis? / ¿Por qué? / ¿Pregunta Vd. a alguien antes de comprar algo? / ¿Qué piensa la madre sobre los gustos de la hija? / ¿Qué dice la hija sobre la madre? / ¿Son los gustos actuales como los de antes?

4. Traducir al alemán:
Tus bañadores son más caros que los otros. He hecho mi viaje más largo a Sudamérica. Los productos textiles de hoy son más ligeros de lo que se cree. El Sr. Rivero tiene la esposa más perfecta que hay. Las esposas que tenéis son las más perfectas que

hay. Tenemos que estudiar más gramática que antes. Buenos Aires es más grande que Santiago de Chile. Londres es una de las ciudades más importantes de Europa. Juan y Pedro tienen más dinero del que pueden gastar. Luis tiene más amigas de las que podéis imaginar. La casa es más amplia de lo que parece. Nuestras primas son más ricas de lo que dicen. En las universidades hay cada vez más estudiantes. Los coches son cada vez más caros y gastan cada vez más gasolina.

5. Übersetzen Sie ins Spanische:
Der Mantel ist spottbillig; die Krawatte *(corbata)* ist sündteuer; der Kaffee ist zuckersüß, und deine Schwester ist bildhübsch. Mein Auto ist fast so schnell wie dein Motorrad *(moto)*. Je mehr Arbeit du hast, desto zufriedener bist du. Das Klima unseres Landes ist sehr rauh. Die Dichter *(poeta)* sind sehr berühmt. Er hat dasselbe wie ich gesagt. Seine Freundin ist das fortschrittlichste Mädchen (in) der ganzen Stadt. Die Erzeugnisse sind viel billiger, als du denkst. Deine Ideen haben mehr mit Geld zu tun als mit Anstand und Tugend. Er verbraucht mehr Geld, als er verdient *(ganar)*.

V. Wortschatz

la discusión	Diskussion, Streit(gespräch), Debatte
inútil	unnötig, überflüssig, nutzlos
fijarse (en)	achten (auf), sehen, genau hinsehen
el bikini	Bikini
amarillo	gelb
demasiado	allzu (viel)
la tela	Stoff, Gewebe
el bañador	Badeanzug
moderno, -a	modern
mono, -a	hübsch, *hier:* schick
ligero	leicht
antes	früher
es que …	… nämlich
pertenecer	gehören
la moral	Moral
medir *(unregelmäßig)*	messen

21

el metro	Meter
por metros	meterweise, nach Metern
a más …, más …	je mehr …, um so mehr
la decencia	Anstand
materializar	materialisieren; vom Materiellen abhängig machen
tanto	so (sehr)
la virtud	Tugend
la boca	Mund
cuanto … tanto	je … desto
consentir (-ie-)	zubilligen, zustimmen
tan … como	so … wie
crítico, -a	kritisch
objetivo, -a	objektiv
opinar	behaupten, meinen
lo mismo **que**	dasselbe **wie**
pensar (-ie-)	denken, meinen
por Dios	um Gottes willen, mein Gott
anticuado, -a	veraltet
a lo mejor	vielleicht
tener que ver con	zu tun haben mit
viejo, -a	alt

Lección 22 – Lektion 22

No hay peor sordo …

Es gibt keinen schlimmeren Tauben …

I. Text

Don Antonio Rivero, quizá debido a su profesión de periodista, es un tipo abierto y lleno de comprensión para lo nuevo y lo novísimo. En el fondo, no es tan progresista como creen sus hijos, aunque más que su esposa, y a veces recurre al medio probado de callar cuando no cree tener una respuesta adecuada para una situación concreta. Su esposa conoce esta táctica, y en muchísimas ocasiones le acusa de cobarde, de contemporizador y cosas por el estilo. Le ha dicho miles de veces que es mejor defender con la mayor energía ciertos principios, para no poner en peligro la educación de los hijos. Don Antonio suele responder que los hijos son ya mayores y deben ir acostumbrándose a hacer lo que les parece más adecuado. Cuando la discusión llega a amenazar la paz familiar, don Antonio finge la mayor sorpresa o confiesa que ignoraba esto o aquello. Doña Julia, que conoce más que de sobra la estrategia de su marido, pone punto final a la discusión con un refrán que don Antonio conoce ya de memoria: “No hay peor sordo que el que no quiere oír”. Don Antonio sonríe divertido y responde con la misma regularidad: “La juventud de hoy es mejor de lo que se piensa sobre ella, Julia”.

II. Übersetzung

Antonio Rivero – vielleicht aufgrund seines Journalistenberufs – ist ein aufgeschlossener Typ und voller Verständnis für das Neue und das Allerneueste. Im Grunde genommen ist er nicht so fortschrittlich, wie seine Kinder glauben, wenngleich mehr als seine Gattin, und manchmal greift er zu dem bewährten Mittel zu schweigen, wenn er glaubt, keine geeignete Antwort für eine konkrete Situation zu haben. Seine Gattin kennt diese Taktik, und bei sehr vielen Gelegenheiten wirft sie ihm vor, ein Feigling, ein Opportunist zu sein und Dinge ähnlicher Art. Sie hat ihm tausendmal gesagt, daß es besser ist, mit größter Energie bestimmte Prinzipien zu verteidigen, um nicht die Erziehung der Kinder zu gefährden. Don Antonio pflegt zu antworten, daß die Kinder bereits groß sind und sich allmählich daran gewöhnen sollen, das zu tun, was sie für am geeignetsten halten. Wenn die Diskussion schließlich den Familienfrieden bedroht, täuscht Don Antonio größte Überraschung vor oder gesteht, daß er dieses oder jenes nicht wußte. Doña Julia, die allzu gut die Strategie ihres Gatten kennt, macht der Diskussion ein Ende mit einem Sprichwort, das Don Antonio bereits auswendig kennt: „Es gibt keinen schlimmeren Tauben als den, der nicht hören will“. Don Antonio lächelt vergnügt und antwortet mit der gleichen Regelmäßigkeit: „Die Jugend von heute ist besser als man über sie denkt, Julia“.

Unregelmäßige Komparativ- und Superlativformen:

mucho	**más**	el/la/lo más oder: la mayor parte	*viel*	*mehr*	*der/die/das meiste*
mucho dinero	más dinero	la mayor parte del dinero	*viel Geld*	*mehr Geld*	*das meiste Geld (= der größte Teil des Geldes)*
bueno	**mejor**	el/la mejor los/las mejores lo mejor	*gut*	*besser*	*der/die beste* *die besten* *das beste*
malo	**peor**	el/la peor los/las peores lo peor	*schlecht*	*schlechter*	*der/die schlechteste* *die schlechtesten* *das schlechteste*
grande	**mayor** auch: más grande *(größer, phys.)*	el/la mayor los/las mayores	*groß*	*größer; älter*	*der/die größte, älteste* *die ältesten* oder: *größten*
pequeño	**menor** auch: más pequeño *(kleiner, phys.)*	el/la menor las/los menores	*klein*	*kleiner; jünger*	*der/die kleinste, jüngste* *die kleinsten,* auch: *jüngsten*

Manche Eigenschaftswörter können **nicht** gesteigert werden:

eterno	*ewig*	absoluto	*absolut*
único	*einzig*	divino	*göttlich*
imposible	*unmöglich*	usw.	

Beachte:

más **de** + Zahlwort	*mehr als, über*
menos de + Zahlwort	*weniger als, unter*
más de mil dólares	*über 1000 Dollar*
menos de 3 km	*unter 3 km*

Demonstrativpronomen

3 Aspekte:

I.	II.	III.	
este	**ese**	**aquel**	(libro)
aquí	ahí	allí	
yo	tú	él/ella	
dies(es)	***dies(es)***	***jenes***	*(Buch)*
das	***das***		
hier	*da/dort*	*dort*	
ich	*du*	*er/sie*	

I. **Bezug zur sprechenden Person**

este libro	*dieses Buch (hier); ich/mein Buch*
estos libros	*diese Bücher*
esta mujer	*diese Frau*
estas mujeres	*diese Frauen*
esto no es interesante	*dies (das) ist nicht interessant*

II. **Bezug zur angesprochenen Person**

ese libro	*dieses Buch (da/dort); du/dein Buch*
esos libros	*diese Bücher*
esa mujer	*diese Frau*
esas mujeres	*diese Frauen*
eso ha sido fácil	*dies/das (da/dort) ist leicht gewesen*

III. **Bezug zu einer dritten Person**

aquel libro	*jenes Buch*
aquellos libros	*jene Bücher*
aquella mujer	*jene Frau*
aquellas mujeres	*jene Frauen*
aquello no me gusta	*jenes (was er gesagt hat) gefällt mir nicht*

Steht das Demonstrativpronomen **ohne** Substantiv, dann wird es **akzentuiert:**

éste es el mejor — *dieser ist der beste*

Die neutralen Formen **esto, eso, aquello** haben **keinen** Akzent.

en ésta = en esta ciudad	*hier (in dieser Stadt)*
en ésa = en esa ciudad	*dort (in dieser anderen Stadt)*

Unregelmäßiges Verb decir *sagen*

Präsens:			
digo	decimos	*ich sage*	*wir sagen*
dices	decís	*du sagst*	*ihr sagt*
dice	dicen	*er/sie/es sagt*	*sie sagen*
Pretérito indefinido:			
dije	dijimos	*ich sagte*	*wir sagten*
dijiste	dijisteis	*usw.*	*usw.*
dijo	dijeron		
Imperfecto:			
decía	decíamos	*ich sagte*	*wir sagten*
decías	decíais	*usw.*	*usw.*
decía	decían		
Futur:			
diré	diremos	*ich werde sagen*	*wir werden sagen*
dirás	diréis	*usw.*	*usw.*
dirá	dirán		
Perfekt:			
he dicho		*ich habe gesagt*	
has dicho		*usw.*	
ha dicho etc.			

maldecir *(ver)fluchen* — bendecir *segnen* usw.

IV. Übungen

1. este, ese, aquel/aquí, ahí, allí *establecer la relación:*
este libro está … / aquel libro está … / ese libro de … es muy interesante / allí está el coche, junto a … casa / aquí te traigo … regalo / … mujer que ves ahí es la madre de … muchacha que cruza la plaza / mi amigo vive … en esta ciudad desde hace tres años; su casa está …, al lado de aquella tienda.

2. Completar en el tiempo adecuado:
Si tú *(ver)* al profesor, *(decirle)* que hoy *(no poder yo)* entregar el trabajo, porque ayer *(no tener)* tiempo para hacerlo. Hace tres años *(yo organizar)* un viaje al extranjero; *(visitar)* muchas ciudades y *(conocer)* mucha gente.

3. Formar frases comparativas:
La juventud es *(buena)* que la de antes; don Antonio es *(progresista)* que su esposa; don Antonio finge la *(grande)* sorpresa; es *(bueno)* defender ciertos principios; los hijos son ya *(grandes)*; el *(malo)* sordo es el que no quiere oír.

4. Traducir al alemán:
¿Han llegado las mercancías a ésta o a ésa? No, a aquélla. ¿Qué es esto? Todo esto lo conozco. ¿Conocen Uds. a esa señora? ¿Cómo va eso? *(Wie geht's?)* ¿Vale la pena ver esa película? Ese tío *(dieser Kerl da)* que acaba de llamarnos por teléfono es un individuo de poca confianza. Ese López es un tipo muy desagradable. ¿Ven Uds. aquel edificio? No olvidaremos nunca aquellas impresiones. Aquel año había terminado la guerra; ésta ha sido más terrible que ésa del siglo pasado. La Sra. Rivero tiene 2 hijos, Jaime y Pablo. Éste vive en casa de sus padres, aquél en un apartamento. Esto es un problema considerable. El mejor camino – el recto.

5. Übersetzen Sie ins Spanische:
Die jüngere Schwester weiß mehr als der ältere Bruder. Dieses Wörterbuch hier ist das beste und zugleich das billigste, das es gibt. Dieser Kerl da hat gesagt, daß es sich lohnt, weniger zu arbeiten. Ich möchte mit dem Direktor sprechen, aber dieser ist

leider seit 3 Wochen verreist. Das ist sehr problematisch für mich. Diese optimalen Bedingungen sind erforderlich, um den Familienfrieden nicht in Gefahr zu bringen. Die meisten Studenten *(auch: la mayoría de)* können mehr, als viele von ihnen glauben. Der kleinste Park *(parque)* in dieser Stadt ist auch der schönste. Der beste Rechtsanwalt verdiente mehr als 3.000 $ im Monat *(al mes)*. Ihr habt nicht die geringste Ahnung.

V. Wortschatz

peor	schlechter, schlimmer
sordo, -a	taub; Tauber
quizá(s)	vielleicht
el tipo	Typ, Kerl; *hier:* Mensch
lleno de	voll von
comprensión	Verständnis
lo novísimo	das (Aller-)Neueste
aunque	obgleich, wenn auch
recurrir (a)	greifen (zu), zurückgreifen auf
el medio	Mittel
probado, -a	bewährt
adecuado, -a	passend, geeignet
concreto, -a	konkret
la táctica	Taktik
acusar (de)	beschuldigen (als), vorwerfen (... zu sein)
cobarde	Feigling; feige
contemporizador	kompromißbereit; Opportunist
el estilo	Stil, Art
por el estilo	ähnlich; dieser Art
miles de veces	x-mal, tausendmal
defender (-ie-)	verteidigen
la energía	Energie, Vehemenz
el principio	Prinzip; Anfang
la educación	Erziehung
soler *(+ Inf.)* (-ue-)	pflegen (zu tun)
responder	antworten
llegar a	ankommen; gelangen zu; schließlich ...
amenazar	bedrohen
la paz	Frieden
fingir	vortäuschen, so tun als ob

22	la sorpresa	Überraschung
	confesar (-ie-)	bekennen, zugeben
	de sobra	allzu gut, zur Genüge
	la estrategia	Strategie
	el punto	Punkt
	final	Schluß…, End…
	poner punto final a	Schluß machen mit; ein Ende machen *(+ Dativ)*
	el refrán	Sprichwort
	de memoria	auswendig
	sonreír	lächeln
	sonríe	er lächelt
	divertido, -a	amüsiert, vergnügt
	la regularidad	Regelmäßigkeit
	la juventud	Jugend
	sobre	über

Lección 23 – Lektion 23

Compañeros de viaje

Reisegefährten

I. Text

(Tía Concha: *C.,* Adela: *A.*)

C.: He oído que vais a Galicia, ¿es cierto?

A.: Ciertísimo; ¿por qué me lo preguntas?

C.: Porque a tío Pepe y a mí se nos ha ocurrido la misma idea.

A.: ¡Vaya casualidad! ¿Y ya os habéis decidido?

C.: No, todavía no nos hemos decidido; tío Pepe dice que es mejor que os preguntemos antes; no quiere decidirse, porque a lo mejor tenéis inconveniente ...

A.: Inconveniente, ¿en qué?

C.: En que hagamos el viaje juntos. Porque iréis en coche, ¿no?

A.: ¿Hablas en serio? Jaime y yo hacemos el viaje por nuestra cuenta. Lo hemos dicho ya en varias ocasiones y a ti te lo digo ahora; ¿está claro?

C.: ¡No te alteres, Adelita! Yo no quiero obligaros a cambiar de plan. Pero ya conoces a tío Pepe; tiene unas ideas ... Ya sabes que no le gusta viajar en tren. Pero yo tengo una idea, que a lo mejor también os viene bien. Nosotros, claro, nos encargamos de pagar la gasolina.

A.: Bueno, se lo diré a Jaime; si él está de acuerdo, por mí ...

C.: Con Jaime ya he hablado, y dice que la condición es aceptable.

A.: ¡Eres el mismísimo diablo!

II. Übersetzung

Tante Concha: Ich habe gehört, daß ihr nach Galicien fahrt. Stimmt das? – *Adela:* Ganz gewiß! Warum fragst du (es) mich? – *C.:* Weil Onkel Pepe und ich auf die gleiche Idee gekommen sind. – *A.:* So ein Zufall! Und ihr habt euch schon entschlossen? – *C.:* Nein, wir haben uns noch nicht entschlossen; Onkel Pepe sagt, daß es besser ist, wenn wir euch vorher fragen; er will sich nicht festlegen, denn vielleicht seid ihr dagegen, daß ... – *A.:* Gegen was? – *C.:* Daß wir die Reise zusammen machen. Denn ihr werdet doch mit dem Auto reisen, nicht? – *A.:* Sprichst du im Ernst? Jaime und ich machen die Reise auf unsere (eigene) Rechnung. Wir haben es bereits bei verschiedenen Gelegenheiten gesagt, und dir sage ich es jetzt. Ist das klar? – *C.:* Reg' dich nicht auf, Adelita! Ich möchte euch nicht zwingen, den Plan zu ändern. Aber du kennst ja Onkel Pepe; er hat (so seine) Ideen ... Du weißt doch, daß er nicht gerne mit der Bahn fährt. Aber ich habe eine Idee, die vielleicht auch euch zusagt. Wir übernehmen selbstverständlich die Benzinkosten. – *A.:* Schön, ich werde es Jaime sagen; wenn er einverstanden ist, meinetwegen ... – *C.:* Mit Jaime habe ich bereits gesprochen, und er sagt, daß die Bedingung annehmbar ist. – *A.:* Du hast es faustdick hinter den Ohren!

Konjunktiv: Formen im **Präsens**

a-Konjugation:	tom **e**	tom **emos**	*ich nehme*)*
	tom **es**	tom **éis**	*du nehmest*
	tom **e**	tom **en**	*er nehme usw.*
e-Konjugation:	vend **a**	vend **amos**	
	vend **as**	vend **áis**	
	vend **a**	vend **an**	
i-Konjugation:	escrib **a**	escrib **amos**	
	escrib **as**	escrib **áis**	
	escrib **a**	escrib **an**	

*) eine Übersetzung mit deutschem Konjunktiv ist nur in wenigen Fällen möglich.

Anwendung: Außer in Wunschsätzen (¡viva España! *es lebe Spanien!)* wird der Konjunktiv im Spanischen anders verwendet als im Deutschen.
Er dient zur Bildung des **Imperativs** (s. u.)
Er steht häufig in mit **que** *(daß)* eingeleiteten **Nebensätzen** nach Verben des Wollens und der Gefühlsäußerung, nach unpersönlichen Ausdrücken, sowie nach bestimmten Konjunktionen:

Quiero que trabaj**e** más.	*Ich will, daß er mehr arbeitet.*
Es posible que vend**a** su coche.	*Es ist möglich, daß er seinen Wagen verkauft.*
Le he dado el dinero para que pagu**e** la reparación.	*Ich habe ihm das Geld gegeben, damit er die Reparatur bezahlt.*

Imperativ
1. **Bejahender** Imperativ:

¡toma (tú)!	*nimm!*
¡tome (Ud.)!	*nehmen Sie!*
¡tomemos (nosotros)! auch:	*nehmen wir!* auch:
¡vamos a tomar!	*laßt uns nehmen!*
¡tomad (vosotros)!	*nehmt!*
¡tomen (Uds.)!	*nehmen Sie!*

¡vende!	*verkaufe!*
¡venda!	*verkaufen Sie!*
¡vendamos! auch:	*verkaufen wir!* auch:
¡vamos a vender!	*laßt uns verkaufen!*
¡vended!	*verkauft!*
¡vendan!	*verkaufen Sie!*
¡escribe!	*schreib!*
¡escriba!	*schreiben Sie!*
¡escribamos! auch:	*schreiben wir!* auch:
¡vamos a escribir!	*laßt uns schreiben!*
¡escribid!	*schreibt!*
¡escriban!	*schreiben Sie!*

Merke: Die 2. Person Singular (*nimm* – toma) des bejahenden Imperativs ist bei fast allen Verben identisch mit der 3. Person des Präsens Indikativ.

Ausnahmen:

ven	*komm*	sé	*sei*
di	*sag*	haz	*mach*
ten	*hab*	ve(te)	*geh*
sal	*geh raus*	pon	*leg*

Imperativ **mit dem Infinitiv:**
¡no fumar! *nicht rauchen! Rauchen verboten!*

2. **Verneinender** Imperativ:

¡no tomes!	*nimm nicht!*	¡no vendas!	¡no escribas!
¡no tome Ud.!	*usw.*	¡no venda!	¡no escriba!
¡no tomemos!		¡no vendamos!	¡no escribamos!
¡no toméis!		¡no vendáis!	¡no escribáis!
¡no tomen!		¡no vendan!	¡no escriban!

Es werden also **nur** Konjunktivformen verwendet.

Anmerkung: In Amerika findet man vorwiegend statt der 2. Person Plural "tomad" die 3. Person Plural "¡tomen Uds.!"

IV. Übungen

1. Formar imperativo afirmativo y negativo (segunda persona singular y plural):
escribir la carta; leer el libro; vender la casa; comprar el coche; pronunciar despacio las palabras; estudiar los verbos; acompañar a los amigos; preparar el viaje.

2. ¿ser/estar/hay?
En esta clase ... veinte alumnos; los alumnos ... en clase desde las nueve; ... muy puntuales y estudiosos / La catedral ... en el centro de la ciudad; ... muy antigua; ... pocas tan artísticas como ésta; ... de piedra, pero desde la guerra ... en parte cerrada al público; ... peligro de desprendimiento de piedras.

3. Responder (afirmativa y negativamente):
¿Va usted de vacaciones a España? / ¿Estudia Vd. español? / ¿Ha estado alguna vez en el extranjero? / ¿Le gusta visitar museos? / ¿Lee el periódico cada día? / ¿Se interesa por la política? / ¿Son hoy los viajes más interesantes que antes? / ¿Explica Vd. las palabras difíciles a sus compañeros?

4. Traducir al alemán:
¡Vamos a tomar las medidas *(Maßnahmen)* necesarias para mejorar *(verbessern)* la situación! ¡Dime si me quieres! ¡Haz lo que desees! ¡Tened cuidado! ¡Ven acá! ¡Pon un télex! ¡Bebed amigos! ¡No comáis tanto! ¡No lo escribamos (no vamos a escribirlo)! ¡No os alteréis, chicos! A él y a tía Adela se les ha ocurrido la misma idea: han decidido hacer un viaje a Andalucía. El no quiere obligarnos a cambiar de plan. En la frontera *(Grenze)* hay que cambiar de tren. ¿Te gusta viajar en tren? No tenemos inconveniente alguno en que pasen Uds. las vacaciones en Austria. Hemos comprado la gasolina por nuestra cuenta. A lo mejor, también esto os viene bien.

5. Übersetzen Sie ins Spanische:
Bitte, komm! Fährst du gern mit dem Auto? **Euch** sagen wir es jetzt. Jaime und Adela werden die Benzinkosten übernehmen. Laßt uns (doch) das alte Vehikel verkaufen! Raucht nicht so viel! Schreiben Sie Ihren Eltern, daß das Wetter hier schön ist. Geh raus und hab ein wenig Geduld! Leg das Geld in die Tasche *(bolsa)* und geh nach Hause! Wir wollen heute ein wenig über den Fremdenverkehr in Spanien sprechen.

V. Wortschatz

el compañero	Begleiter, Gefährte, Genosse, Kamerad
compañero de viaje	Reisegefährte
cierto, -a	wahr, gewiß, zutreffend
la casualidad	Zufall
¡vaya casualidad!	so ein Zufall!
decidirse	sich entschließen, sich entscheiden
es mejor que *(+ Konj.)*[1]	es ist besser, wenn
el inconveniente	Nachteil; *hier:* Einwand, Vorbehalt
tener inconveniente en que *(+ Konj.)*[2]	etwas dagegen haben, dagegen sein, daß
hagamos	*Konjunktiv von* hacemos
en serio	im Ernst
nuestra	unsere
por … cuenta	auf … Rechnung
alterarse	sich ärgern, sich aufregen
Adelita[3]	Adelchen, liebe Adele
cambiar **de** plan	den Plan ändern
cambiar **de** tren	umsteigen
el tren	Zug
viajar	reisen
venir bien	zusagen, wohl bekommen
la condición	Bedingung
el diablo	Teufel
el mismísimo diablo	der Teufel in Person
ser el mismísimo diablo	es faustdick hinter den Ohren haben

[1] es mejor que os preguntemos antes	es ist besser, wenn wir euch vorher fragen

(nach dem unpersönlichen Ausdruck es mejor *steht im Nebensatz der Konjunktiv!)*

[2] no tenéis inconveniente en que **hagamos** el viaje	ihr habt nichts dagegen, daß wir die Reise machen

(nach tener inconveniente *steht im Nebensatz der Konjunktiv)*

[3] *Die Endung* -ito/a *ist eine Verkleinerung (Diminutiv), enthält aber auch eine affektive Nuance.*

Lección 24 – Lektion 24

Todo tiene su precio
Alles hat seinen Preis

I. Text

Don Antonio tiene razón: la juventud actual no es ni mejor ni peor que la de otras épocas: es distinta, porque en cada época la situación es diferente. Tampoco la familia es hoy como antes, y no sólo en los países altamente industrializados, sino también en otros que no lo están tanto, como España. Van desapareciendo las grandes familias de tipo rural, en las que de ordinario convivían tres generaciones: abuelos, padres e hijos, a los que no rara vez se añadían tíos y tías, y hasta primos y otros miembros de la parentela. El cambio no se debe sólo a una mentalidad distinta en la época actual, sino, ante todo, a razones más prosaicas: por ejemplo, la insuficiencia de las viviendas urbanas, mucho más pequeñas que las casas en los pueblos; o bien, las separaciones que impone la estructura social y laboral.
Los vínculos familiares se basan hoy, aparte del tacto y la tolerancia, más en intereses mutuos que en obligaciones de cualquier

orden. Y así, puede darse el caso de que entre abuelos y nietos, tíos y sobrinos, reine una atmósfera de cariñosa simpatía que no tiene nada que ver con el respeto, el paternalismo que caracterizaban las relaciones familiares de antaño. Tía Concha y tío Pepe, por ejemplo, desean hacer el viaje de vacaciones en coche, con Adela y Jaime; éstos sacrifican parte de su independencia, y aquéllos pagan la gasolina. ¡Porque todo tiene su precio!

II. Übersetzung

Don Antonio hat recht; die heutige Jugend ist weder besser noch schlechter als die anderer Epochen: sie ist anders, weil die Situation in jeder Epoche unterschiedlich ist. Auch die Familie ist heute nicht wie früher, und nicht nur in den hochindustrialisierten Ländern, sondern auch in anderen, die es nicht so sehr sind, wie Spanien. Die Großfamilien ländlicher Art verschwinden allmählich, in denen gewöhnlich drei Generationen zusammenlebten: Großeltern, Eltern und Kinder, zu denen nicht selten (noch) Onkel und Tanten kamen und sogar Vettern und Basen und weitere Angehörige der Verwandtschaft. Die Veränderung ist nicht nur bedingt durch eine andere Mentalität in der heutigen Zeit, sondern vor allem durch alltäglichere Gründe: zum Beispiel, die Unzulänglichkeit der Wohnungen in der Stadt, die viel kleiner sind als die Häuser auf den Dörfern; oder die Trennungen, die die Struktur der Gesellschaft und der Arbeitswelt bedingt.
Die familiären Bindungen beruhen heute, einmal von Takt und Toleranz abgesehen, mehr auf beiderseitigen Interessen als auf Verpflichtungen jeglicher Kategorie. Und so kann es sich ergeben, daß zwischen Großeltern und Enkeln, Onkeln/Tanten und Neffen/Nichten nach wie vor eine Atmosphäre herzlicher Sympathie herrscht, die nichts zu tun hat mit dem Respekt, der Bevormundung, welche die familiären Beziehungen von einst charakterisierten. Tante Concha und Onkel Pepe zum Beispiel möchten die Urlaubsreise im Auto mit Adela und Jaime machen; diese (beiden) opfern einen Teil ihrer Unabhängigkeit, jene tragen die Benzinkosten. Denn alles hat seinen Preis!

Deklination der Personalpronomen:

I	yo	tú	él	ella	ello	Ud.
II	de mí	de ti	de él	de ella	de ello	de Ud.
III	a mí	a ti	a él	a ella	a ello	a Ud.
IV	a mí	a ti	a él	a ella	a ello	a Ud.

I	nosotros/as	vosotros/as	ellos/as	Ustedes
II	de nosotros/as	de vosotros/as	de ellos/as	de Ustedes
III	a nosotros/as	a vosotros/as	a ellos/as	a Ustedes
IV	a nosotros/as	a vosotros/as	a ellos/as	a Ustedes

Anwendung:
Genitiv (II): de mí = *meiner,* de ti = *deiner,* de él = *seiner* etc.

El se acuerda **de mí.** — *Er erinnert sich meiner (oder: an mich).*

Anstelle von "de" kann auch eine andere Präposition stehen:
por ella *ihretwegen (wegen ihr)*
por Ud. *Ihretwegen*
por él *seinetwegen*
etc.

para mí *für mich*
entre tú y yo *zwischen dir und mir*
(entre verlangt den Nominativ!)

con + mí = **conmigo** — *mit mir*
con + ti = contigo — *mit dir*
con + se = consigo — *mit sich*

Dativ (III) und **Akkusativ** (IV):
Die Formen im Dativ und Akkusativ (a mí, a ti etc.) dienen nur zur **Verstärkung/Betonung** der in Lektion 15 genannten unbetonten Pronomen:

Le saludo **a él.** — *Ich grüße **ihn.***
A él le saludo. — ***Ihn** grüße ich.*
Les damos los libros **a ustedes.** — *Wir geben **Ihnen** die Bücher.*
Al camarero **le** da una propina estupenda. — *Dem Kellner gibt er ein fürstliches Trinkgeld.*

24 Zwei unbetonte Personalpronomen im Dativ bzw. Akkusativ:

Me da el libro.	*Er gibt mir das Buch.*
Me lo da.	*Er gibt **es mir.***

Im Spanischen steht **immer zuerst** das Pronomen im **Dativ** und **dann** das Pronomen im **Akkusativ:**

Nos da las tuercas.	*Er gibt uns die Muttern.*
Nos las da.	*Er gibt sie uns.*
Quiere dár**noslas.**	*Er will sie uns geben.*
Te lo digo.	*Ich sage es dir.*
¡Díga**melo**!	*Sagen Sie es mir!*
Puedes decír**melo.**	*Du kannst es mir sagen.*

Bei der 3. Person ist zu beachten:

Le doy el martillo.	*Ich gebe ihm den Hammer.*
Se lo doy.	*Ich gebe **ihn ihm.***

("le lo doy" müßte es eigentlich heißen. Diese Form ist jedoch **nicht** zulässig)

Regel: Steht ein Pronomen der 3. Person im Dativ vor einem Pronomen der 3. Person im Akkusativ, so wird das Dativpronomen (le, les etc.) **immer** zu **se** (wobei "se" keinesfalls „man" bedeutet).

"**Se lo** doy" kann also heißen:

se lo doy a él (auch: a él se lo doy)	*ich gebe **ihn ihm***
se lo doy a ella	*ich gebe **ihn ihr***
se lo doy a Ud.	*ich gebe **ihn Ihnen***
se lo doy a ellos	*ich gebe **ihn ihnen***
se lo doy a ellas	*ich gebe **ihn ihnen***
se lo doy a ustedes	*ich gebe **ihn Ihnen***

Anhängung

an den Infinitiv:	Quiero dár**selo.**	*Ich will ihn ihm geben.*
an den Imperativ:	¡Dá**selo**!	*Gib ihn ihm!*
an das Gerundium:	Dándo**selo**…	*Indem ich ihn ihm gebe…*

1. Colocar en imperativo (afirmativo y negativo, en todas las personas):
responder en español – abrir la puerta y cerrar la ventana – tomar vino en las comidas – no leer ese libro – no hablar en clase, sino después de las clases – alquilar un apartamento.

2. Emplear pronombres (Modelo: X regala un libro a Y: X se lo regala*):*
El alumno entrega la traducción al profesor – Pepe da la carta a Julio – el profesor explica la lección a los alumnos – ¿das las revistas a los amigos? – ¡compra el periódico para tu padre! – pregunta el precio a la vendedora – Marion pregunta a Manolo el significado de las palabras – Paco explica la lección a Lola.

3. Responder (de acuerdo con el diálogo):
¿Le gusta a tío Pepe viajar en tren? / ¿Tienen Adela y Jaime inconveniente en llevar a sus tíos en el coche? / ¿Por qué aceptan finalmente? / ¿Reacciona Adela amablemente? / ¿Qué piensa Jaime? / ¿Cree Vd. que los tíos resultan simpáticos?

4. Traducir al alemán:
Hoy vienen José y Carmen; los he invitado. ¿No quieres decírmelo? A mí no me han llamado. A Jaime no le han invitado tampoco. ¡No se lo creas! Se lo he dicho y ella me lo cree. Las cintas magnetofónicas *(Tonbänder)* no las hemos copiado. ¿Conoce Ud. a mis hermanas? Se las presento. Ahora me presento a él[1]. La gasolina aquí no es ni mejor ni peor que la de otros países. Se me acercó *(nähern)* un policía. Esto no lo he escrito yo. Jaime lo sabe todo. Será difícil explicártelo. No se lo entregaron a ella, sino a él. He soñado *(träumen)* con vosotros.

[1] *ohne* le, *denn bei reflexiven Verben entfällt das unbetonte Pronomen!*

5. Übersetzen Sie ins Spanische:
Die Stadtwohnungen sind viel kleiner als die auf dem Lande. Deine Großeltern habe ich noch nicht getroffen. Ich werde

ihnen den Brief geben. Geben Sie ihn mir! Die Großfamilie ländlichen Zuschnitts (= Art) verschwindet allmählich. Er kennt alle Mitglieder seiner Verwandtschaft: seine Basen und Vettern, Neffen und Nichten, Onkel und Tanten, sowie *(así como)* Enkel und Enkelinnen. Die familiären Bande beruhen heute manchmal auf materiellen Prinzipien. Aber oft herrscht weiterhin eine herzliche Atmosphäre, die auch die familiären Beziehungen von einst kennzeichnete. Das hat nichts mit Bevormundung zu tun! Es kann der Fall eintreten (sich ergeben), daß die Freunde einen Teil ihrer Unabhängigkeit opfern *(sacrifi***que***n).*

V. Wortschatz

la razón	Vernunft, Verstand; Grund
tener razón	recht haben
ni … ni …	weder … noch …
distinto, -a	anders, verschieden
diferente	verschieden, anders, unterschiedlich
antes	früher, einst
alto, -a	hoch
altamente industrializado	hochindustrialisiert
desaparecer	verschwinden
de ordinario	gewöhnlich
convivir	zusammenleben
el abuelo	Großvater
los abuelos	Großeltern
(no) rara vez	(nicht) selten
los tíos	Onkel und Tante
el primo	Vetter
la prima	die Base
los primos	Vetter(n) und Base(n)
el miembro	Mitglied, Angehöriger
la parentela	Verwandtschaft
deberse a	zurückzuführen sein auf, bedingt sein durch
la mentalidad	Mentalität
ante todo	vor allem
prosaico, -a	prosaisch; banal, alltäglich
la insuficiencia	Unzulänglichkeit
la vivienda	Wohnung
urbano, -a	Stadt…
o bien	oder auch

la separación	Trennung
imponer	auf(er)legen, bedingen
la estructura	Struktur
social	gesellschaftlich, sozial
laboral	Arbeits..., die Arbeitswelt betreffend
el vínculo	Band, (Ver)Bindung
basarse (en)	beruhen (auf)
aparte de	außer, abgesehen von
la tolerancia	Toleranz
mutuo, -a	gegenseitig, beiderseitig
la obligación	Pflicht, Verpflichtung
el orden	Ordnung, Kategorie
darse el caso	vorkommen, sich ergeben
el nieto	Enkel
la nieta	Enkelin
los nietos	Enkel und Enkelin(nen)
el sobrino	Neffe
la sobrina	Nichte
los sobrinos	Neffe(n) und Nichte(n)
cariñoso, -a	liebevoll, herzlich
la simpatía	Sympathie
el paternalismo	Bevormundung, Paternalismus
caracterizar	charakterisieren
la relación	Beziehung
sacrificar	opfern
parte de *(ohne Artikel!)*	einen Teil ...
la independencia	Unabhängigkeit

Lección 25 – Lektion 25

Mal de muchos …

Wenn es vielen schlecht geht …

I. Text

(Manolo: *Man.,* Marion: *Mar.*)

Man.: ¿Conoces Galicia y Portugal?

Mar.: No, todavía no he estado allí. ¿Y tú?

Man.: Yo tampoco he estado en Portugal; y Galicia, apenas la conozco: sólo la costa. Ni siquiera he estado en Santiago de Compostela, fíjate.

Mar.: ¡Avergüénzate! Parece mentira que hayas estado en Galicia y no conozcas una de las ciudades más artísticas de España, según he leído en una guía turística.

Man.: Los españoles somos así, Marion. Y lo peor es que nadie se avergüenza de su incultura, como tú dices. Pocos países hay que ofrezcan tantas maravillas como España, y tenéis que venir del extranjero para enseñárnoslas. Cualquier turista extranjero conoce España mejor que muchísimos españoles.

Mar.: Pero eso no es ninguna especialidad española. ¿Quieres que te confiese algo parecido?

Man.: Dime.

Mar.: Pues verás: tú sabes que en Munich, mi ciudad natal, hay una infinidad de museos ...

Man.: ¡He oído hablar mucho de un museo técnico ...

Mar.: Sí, el Deutsches Museum.

Man.: Debe de ser fabuloso, ¿no, Marion?

Mar.: Créeme, Manolo: nunca he estado en él.

Man.: ¡No me digas! Bueno, un refrán español dice: “Mal de muchos, consuelo de tontos”... con perdón, Marion.

Mar.: ¡No hay de qué, Manolo! Pero te lo prometo: cuando vengas a Munich, lo visitaremos despacio.

II. Übersetzung

Manolo: Kennst du Galicien und Portugal? - *Marion:* Nein, ich bin noch nicht dort gewesen. Und du? - *Man.:* Ich bin auch (noch) nicht in Portugal gewesen; und Galicien kenne ich kaum. Nur die Küste. Stell dir vor, ich bin nicht einmal in Santiago de Compostela gewesen. - *Mar.:* Du sollst dich schämen! Es klingt unglaublich, daß du in Galicien gewesen bist und eine der künstlerisch bedeutendsten Städte, wie ich in einem Reiseführer gelesen habe, nicht kennst. - *Man.:* Wir Spanier sind (eben) so, Marion. Und das Schlimmste ist, daß sich niemand seines kulturellen Banausentums schämt, wie du sagst. Es gibt wenige Länder, die so viele Sehenswürdigkeiten wie Spanien bieten, und ihr müßt aus dem Ausland kommen, um sie uns zu zeigen. Jeder ausländische Tourist kennt Spanien besser als sehr viele Spanier. - *Mar.:* Aber das ist keine spanische Besonderheit. Soll ich dir etwas Ähnliches gestehen? - *Man.:* Sag schon! - *Mar.:* Also, du weißt, daß es in München, meiner Geburtsstadt, unendlich viele Museen gibt ... - *Man.:* Ich habe viel von einem technischen Museum reden hören ... - *Mar.:* Ja, das Deutsche Museum. - *Man.:* Es muß ja ganz toll sein, nicht wahr, Marion? - *Mar.:* Glaub mir, Manolo, ich bin nie drin gewesen. - *Man.:* Das kann ja nicht wahr sein! Nun, ein spanisches Sprichwort lautet: „Wenn es vielen schlecht geht, ist das ein Trost für die Dummen“ ... Verzeihung, Marion! - *Mar.:* Aber ich bitte dich, Manolo! Jedoch verspreche ich dir: Wenn du nach München kommst, werden wir es uns in aller Ruhe anschauen.

Verneinungen im Spanischen

Neben der bereits in Lektion 2 genannten **einfachen Verneinung** mit **no**

no trabajo	*ich arbeite nicht*
no quiero hablar	*ich will nicht sprechen*

gibt es noch sogenannte **Verneinungswörter,** die sowohl **vor** als auch **nach** dem Verb stehen können:

nadie	*niemand*	ni siquiera	*nicht einmal*
nada	*nichts*	tampoco	*auch nicht*
ninguno	*kein/e/er*	sin	*ohne*
nunca	*nie(mals)*	ni	*nicht einmal*
jamás	*niemals, jemals nie wieder*	ni … ni	*weder … noch*
nunca jamás	*nie wieder, je wieder*	no … ni	*weder … noch*

no conozco a **nadie**	*ich kenne niemand(en)*
no dice **nada**	*er sagt nichts*
ninguno me ha visto	*keiner hat mich gesehen*
ningún libro	*kein Buch*
no hablan **nunca**	*sie sprechen nie*
no me escribirá **jamás**	*er wird mir nie wieder schreiben*
no canta **ni siquiera**	*sie singt nicht einmal*
él **no** lo sabe **tampoco**	*er weiß es auch nicht*

(Die Form "también no" ist nicht zulässig!)

sin hacer **nada**	*ohne etwas zu tun*
sin preguntar a **nadie**	*ohne jemand(en) zu fragen*
no tiene **ni** dinero	*er hat nicht einmal Geld*
no han tomado **ni** la mitad	*sie haben nicht einmal die Hälfte genommen*
él **no** puede venir, **ni** sus amigos	*er kann nicht kommen und seine Freunde auch nicht (weder er noch seine Freunde können kommen)*
no lee **ni** escribe	*er liest nicht und er schreibt auch nicht*
ni él **ni** su hermano saben esto	*weder er noch sein Bruder wissen das*

Merke: Steht das Verneinungswort nach dem Verb, dann muß vor dem Verb unbedingt **no** (oder **sin**) stehen!

Verkürzung von Adjektiven

Einige Adjektive sowie "primero" und "tercero", werden - falls sie **vor** einem **maskulinen** Substantiv im **Singular** stehen - **verkürzt:**

bueno	*gut*	grande	*groß, bedeutend*
ninguno	*kein*	sowie	
alguno	*irgendein*	cualquiera	*irgendein*
primero	*erster*		*(x-beliebig)*
tercero	*dritter*	werden **vor** dem **maskulinen**	
santo	*heilig*	**und femininen** Substantiv im	
uno	*ein(er)*	Singular verkürzt	
ciento	*hundert*		

un **buen** vino	*ein guter Wein*
ningún problema	*kein Problem*
algún idiota	*irgendein Idiot*
el **primer** aspecto	*der erste Aspekt*
el **tercer** hombre	*der dritte Mann*
San Pedro fue uno de los apóstoles.	*Der hl. Petrus war einer der Apostel.*

(nur vor männlichen Heiligen: **el** entfällt)

un momento	*ein Augenblick*
cien soldados	*hundert Soldaten*

(jedoch: ciento un muchachos,
ciento un**a** mujeres)

Cervantes fue un **gran** poeta.	*Cervantes war ein großer Dichter.*
Santa Teresa, una **gran** figura de la Literatura española.	*Die hl. Therese, eine große Gestalt der spanischen Literatur.*
Puede leerlo en **cualquier** libro.	*Sie können es in jedem beliebigen Buch lesen.*
En **cualquier** gramática ...	*In jeder Grammatik ...*

IV. Übungen

1. Colocar el verbo en su forma adecuada:
¿Cuándo *(salir)* Vd. de viaje? – ¿Dónde *(encontrarse)* vosotros con los amigos? – ¿Cómo *(conducir)* Pedro? – Si *(querer)* tú, *(llamarte)* yo por teléfono – Mañana *(ser)* fiesta y no *(haber)* clase – La madre *(preocuparse)* de las compras; la vida *(estar)* cada vez más cara y el dinero no *(llegar)* hasta fin de mes.

2. Stellen Sie die Verneinung um:
(*Muster:* nadie viene – no viene nadie *oder umgekehrt*)
nunca llega a tiempo – ninguno sabe la lección – jamás llama a sus amigos – nada importante ocurre – no hay nada que contar – no vino ninguno a clase – no canta siquiera – nunca jamás repetirá ese viaje – nadie estaba presente.

3. Leer correctamente:
(Santo) Fernando fue rey de Castilla – hace *(malo)* tiempo – trae una *(malo)* noticia – no tengo *(ninguno)* problema – *(alguno)* días me levanto tarde – *(santo)* Isabel fue reina de Hungría – *(ciento)* marcos resulta *(uno)* oportunidad – el vino *(malo)* no sabe bien; los *(malos)* vinos hay que tirarlos – vive en el *(tercero)* piso; yo vivo en el *(primero)*.

4. Traducir al alemán:
Tampoco estamos contentos. No me acuerdo ni siquiera de ellos. Nadie se ha fijado en él. Eso no es ninguna desventaja *(Nachteil)*. En cualquier ciudad de España se celebran corridas de toros *(Stierkämpfe abhalten)*. Nunca habéis estado en estos países. Ni ella ni su hermana cenaron en este restaurante. Tampoco habéis conversado *(gesprochen)* con el guía. A buen hambre no hay pan duro *(für einen guten Hunger gibt es kein hartes Brot = Hunger ist der beste Koch)*. Nadie ha preguntado por ti. Me estabas mirando sin decir nada. ¡Ni hablar! *(keine Rede/keine Spur davon!)*. El primer día de la semana es lunes, el primer mes del año enero. Algún tonto ha dicho que la vida es (un) juego. Se puede encontrarlo en el tercer libro de esta gran escritora *(Schriftstellerin)*. La Santa Sede se encuentra en Roma. Eres capaz de cualquier cosa.

5. Übersetzen Sie ins Spanische:
Das Wetter ist schön heute. Die Eintrittskarte *(entrada)* kostet einhundert Pesos. Meine Schwester hat nicht einmal Geduld. Weder die Spanier noch die Portugiesen sind Mitglieder *(miembros)* des Gemeinsamen Marktes *(Mercado Común)*. Der hl. Michael *(Miguel)* ist der Namenspatron *(patrono)* vieler spanischer Kirchen *(iglesia)*. Das war eine großartige Idee! In jedem (beliebigen) Wörterbuch können Sie die spanischen Zahlen und auch viele Grammatikregeln *(reglas gramaticales)* finden. Ich wußte es auch nicht. Kennst du jemand? Nein, ich kenne niemand. Maria hat keine Freundin. Kein einziges Mal *(ninguna vez; ni una vez)* hat er uns geschrieben. Niemand ist gekommen.

V. Wortschatz

el mal	Übel, Krankheit, Nachteil
ni siquiera	nicht einmal
Santiago	der hl. Jakobus
fíjate	*hier:* stell dir vor!
avergonzarse (-ue-) (**de** una cosa)	sich schämen (einer Sache)
la mentira	Lüge
parece mentira que *(+ Konj.)*	es klingt unglaublich, daß
conozca	*Konj. von* conoce
artístico, -a	künstlerisch (bedeutend)
según	nach(dem), wie, gemäß, laut
el guía	Fremdenführer, Cicerone
la guía (turística)	Reiseführer *(Buch)*
lo peor	das Schlimmste
incultura	Kulturdefizit; kulturelles Banausentum
la maravilla	Wunder; *hier:* Sehenswürdigkeit
enseñar	zeigen; lehren
la especialidad	Spezialität; Besonderheit
parecido, -a	ähnlich
natal	Geburts…
la infinidad	Unendlichkeit; unendlich viel
técnico, -a	technisch
deber **de**	müssen *(Vermutung)*
fabuloso, -a	fabelhaft, ganz toll
¡no me digas!	das kann ja nicht wahr sein!
bueno	nun

25 el consuelo	Trost
tonto, -a	dumm
el perdón	Verzeihung
no hay de qué	keine Ursache, aber bitte *(nach „danke")*
despacio	langsam; in aller Ruhe
vengas	*Konj. von* vienes

Lección 26 – Lektion 26

Parientes lejanos
Entfernte Verwandte

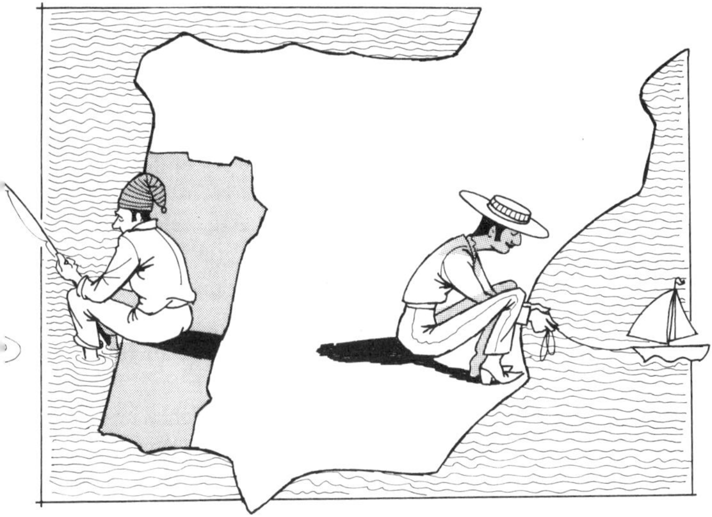

I. Text

Los españoles y los portugueses, más que vecinos, son parientes, pero su parentesco es más bien lejano. Pensando que hasta el siglo XII, concretamente el año 1144, España y Portugal formaban un todo, ya que Portugal era un condado del reino de León, resulta sorprendente el escaso conocimiento mutuo que se tienen ambos pueblos. Tal vez se deba esto a cierta envidia recíproca, a celos encubiertos, a resentimientos de tipo histórico, que en la vida cotidiana se ponen de manifiesto en mil ocasiones. Por ejemplo, es muy raro que españoles y portugueses estudien la lengua y se interesen por la cultura del país hermano. E igualmente salta a la vista el mínimo porcentaje de turistas que cruzan la frontera común. En las contadas ocasiones en que se ha pretendido institucionalizar la amistad entre portugueses y españoles, no se ha logrado dar vida a los tratados o pactos oficiales.

Es a la vez curioso y triste que, para un portugués, Londres resulte más próximo y familiar que Madrid, y para un español esté París más cerca que Lisboa.

II. Übersetzung

Die Spanier und die Portugiesen sind mehr als Nachbarn, Verwandte, jedoch ist ihre Verwandtschaft eher eine weitläufige. Wenn man bedenkt, daß bis zum 12. Jahrhundert, genau bis zum Jahre 1144, Spanien und Portugal ein Ganzes bildeten, denn Portugal war eine Grafschaft des Königreichs León, sind die geringen gegenseitigen Kenntnisse, die beide Völker voneinander haben, erstaunlich/überraschend. Vielleicht ist dies auf einen gewissen gegenseitigen Neid zurückzuführen, auf verdeckte Eifersucht, auf Ressentiments historischer Art, welche sich im Alltag bei tausend Gelegenheiten zeigen. Zum Beispiel ist es sehr selten, daß Spanier und Portugiesen die Sprache (des anderen) studieren und sich für die Kultur der Schwesternation interessieren. Und ebenso fällt der geringe Prozentsatz an Touristen auf, die die gemeinsame Grenze überschreiten. In den wenigen Fällen, in denen man beabsichtigt hat, die Freundschaft zwischen Portugiesen und Spaniern zu institutionalisieren, ist es nicht gelungen, die offiziellen Verträge oder Pakte (Abmachungen) mit Leben zu erfüllen. Es ist merkwürdig und bedauerlich zugleich, daß einem Portugiesen London näher und vertrauter ist als Madrid, und daß für einen Spanier Paris näher liegt als Lissabon.

III. Grammatik

Imperativ der reflexiven Verben

1. **Bejahende Formen:**

An die bereits bekannten Formen (s. Lektion 23) werden die Reflexivpronomen **angehängt.**

a-Konjugation:		
¡láva**te**!	*wasch dich!*	Akzent setzen!
¡láve**se**!	*waschen Sie sich!*	
¡lavémo**nos**!	*waschen wir uns!*[1]	s entfällt: ¡lavémo~~s~~nos!
¡lava**os**!	*wascht euch!*	d entfällt: ¡lava~~d~~os!
¡láven**se**!	*waschen Sie sich!*	

[1] auch: ¡vamos a lavarnos!

e-Konjugation:

¡métete!	*begib dich!*
¡métase!	*begeben Sie sich!*
¡metámonos!	*begeben wir uns!*[2]
¡meteos!	*begebt euch!*
¡métanse!	*begeben Sie sich!*

[2] auch: ¡vamos a meternos!

i-Konjugation:

¡decídete!	*entscheide dich!*	
¡decídase!	*entscheiden Sie sich!*	
¡decidámonos!	*entscheiden wir uns!*[3]	
¡decidíos!	*entscheidet euch!*	¡decididos! d fällt weg,
¡decídanse!	*entscheiden Sie sich!*	i muß Akzent erhalten!

[3] auch: ¡vamos a decidirnos!

2. **Verneinende Formen:**

Bei **allen** verneinenden Formen wird Konjunktiv verwendet

¡no te laves!	¡no te metas!	¡no te decidas!
¡no se lave(n) Ud(s).!	¡no se meta(n) Ud(s).!	¡no se decida(n) Ud(s).!
¡no nos lavemos![4]	¡no nos metamos![5]	¡no nos decidamos![6]
¡no os lavéis!	¡no os metáis!	¡no os decidáis!
[4] auch: ¡no vamos a lavarnos!	[5] auch: ¡no vamos a meternos!	[6] auch: ¡no vamos a decidirnos!

Zur Beachtung: Bei irse *weggehen* lauten die Formen:

¡vete!	*geh!*		¡no te vayas!	*geh nicht!*
¡váyase!	*gehen Sie!*		¡no se vaya!	*etc.*
¡vámonos!	*gehen wir!*		¡no nos vamos!	
¡i**d**os!	*geht!*	(**d** bleibt erhalten!)	¡no os vayáis!	
¡váyanse!	*gehen Sie!*		¡no se vayan (Uds.)!	

Anhängung von Personalpronomen an das Verb:

Die in Lektion 15 und Lektion 24 genannten **Personalpronomen** im Dativ und Akkusativ sowie die **Reflexivpronomen** werden angehängt

26 1. **an den Infinitiv:**

quiero dec**írtelo** (Akzent setzen!)	*ich will es dir sagen*
ella puede exlic**ármelas**	*sie kann sie mir erklären* (= las reglas)

bei "ir" **auch** Voranstellung:

se lo voy a escribir	*ich will es ihm schreiben*
nos va a llamar (por teléfono)	*er wird uns anrufen*

2. **an den bejahenden Imperativ:**

¡escríba**melo**!	*schreiben Sie es mir!*
¡decid**me**!	*sagt mir!*

3. **an das Gerundium:**

se marchó saludándo**me**	*er ging weg und grüßte mich (dabei)*
comprenderás el texto leyéndo**lo** de nuevo	*du wirst den Text verstehen, wenn du ihn nochmals liest (indem du ...)*

Das Pronomen kann auch **vor** der Gerundialform (meist "estar") stehen:

me estoy lavando	*ich wasche mich gerade*
¿**Me** estaban Uds. buscando?	*Suchten Sie mich?*

Hinweis: In manchen Texten, Definitionen etc. findet man auch derartige Pronomen an konjugierte Verbformen angehängt, wobei diese meist am Satzanfang stehen:

buscóme	*er suchte mich*	hiciéronlo	*sie machten es*
dícese	*man sagt*	díjome un amigo	*ein Freund sagte mir*

Diese Besonderheit ist nur in der geschriebenen Sprache zu finden; für die Konversation ist sie ohne Belang. (Meist handelt es sich auch um alte bzw. dialektische Texte, oder die Form wird absichtlich mit leicht ironisierendem, archaisierendem Sinn gebraucht: díjome un amigo).

Konjunktiv Präsens der Verben auf -acer, -ecer, -ocer, -ucir etc. (s. Lektion 14)

conocer		traducir	
conozco	conozca	traduzco	traduzca
	conozcas		traduzcas
	conozca		traduzca
	conozcamos		traduzcamos
	conozcáis		traduzcáis
	conozcan		traduzcan

¡Traduzcan Uds. el "Don Quijote" del español al alemán!
Übersetzen Sie den „Don Quijote" aus dem Sp. ins D.!

IV. Übungen

1. Colocar el verbo en su forma adecuada:
Hace diez años *(ocurrir)* un accidente en la carretera de León; *(morir*[1]*)* seis personas y *(quedar)* heridas otras cuatro; desde entonces, yo *(evitar)* ese trayecto y *(soler)* tomar una carretera secundaria; *(tardarse)* algo más, pero *(resultar)* más seguro.
[1] = m**u**rieron

2. Responder:
¿Cómo se relacionan los portugueses y los españoles? ¿Conocen la lengua de sus vecinos respectivos? ¿Por qué no hay más contactos entre ambos pueblos? ¿Visitan muchos turistas el país vecino? ¿Por qué existen tan pocas relaciones? ¿Desde cuándo forman dos pueblos separados? ¿Es Portugal un país relacionado históricamente con España?

3. Exprese en imperativo (afirmativo y negativo, todas las personas):
dar una explicación al vecino - lavarse antes de comer - poner el abrigo para salir - devolver el libro al amigo - escribir la dirección - decidirse a salir - meterse en asuntos complicados - interrogar *(abfragen)* la lección a la vecina

4. Traducir al alemán:

¡Vete a freír espárragos![1] ¡Vaya con Dios! ¡Ayudadme, por favor! ¡No la abras ahora (la maleta)! Se lo voy a decir a Uds. Iba a decírmelo *(er wollte ...)*. ¡No os metáis en estos asuntos! También los holandeses y los alemanes son vecinos y, a la vez, parientes lejanos. Debido a las emisiones de radio y de televisión, los habitantes de los Países Bajos aprenden muy rápidamente el idioma alemán. Entre los dos pueblos no hay envidia recíproca y tampoco celos encubiertos. En la Unión Soviética salta a la vista el mínimo porcentaje de turistas procedentes de la Península Ibérica *(Pyrenäenhalbinsel)*. Muchas naciones pretenden institucionalizar la paz *(Frieden)* y la amistad entre sus respectivos *(betreffend, jeweilig)* pueblos.

[1] *wörtlich:* Spargel braten = geh zum Teufel!

5. Übersetzen Sie ins Spanische:

Für einen Münchner *(muniqués)* liegt Wien *(Viena)* näher als Frankfurt *(Francfort)* oder Hamburg *(Hamburgo)*. Gewöhnt euch (daran), die spanischen Wörter gut auszusprechen! Wascht euch nicht mit radioaktivem Wasser *(agua radi**a**ctiva)*! Beide Völker wissen wenig voneinander. Im täglichen Leben treten bei hundert Gelegenheiten die Ressentiments geschichtlicher Art zutage. Sehr selten interessieren sich die Leute *(gente)* für die Kultur ihres Nachbarlandes. Er möchte es Ihnen sagen, aber Sie wollen ihn nicht empfangen. Begebt euch mit dem Auto nicht auf die Autobahn *(autopista)*, denn dort gibt es mehr Verkehr, als ihr euch vorstellen könnt *(imaginarse)*.

V. Wortschatz

el pariente	Verwandter
lejano, -a	entfernt; weitläufig
el parentesco	Verwandtschaft
concretamente	konkret, genau gesagt
el todo	das Ganze
un todo	ein Ganzes
ya que	da, weil
el condado	Grafschaft
el reino	Königreich

León	*heute:* Stadt und Provinz im NW Spaniens
sorprendente	erstaunlich
escaso, -a	knapp, spärlich
el conocimiento	Kenntnis
mutuo	gegenseitig, wechselseitig
se tienen *die reflexive Form ist gleichzeitig die reziproke Form! (Wechselbeziehung)*	sie voneinander haben
el pueblo	*hier:* Volk
tal vez *(+ Konj.)*	vielleicht
deberse a	zu verdanken sein *(+ Dativ)*
la envidia	Neid
recíproco, -a	gegenseitig
el celo	Eifer
los celos	Eifersucht
encubierto, -a	versteckt, verdeckt
el resentimiento	Ressentiment
de tipo ...	von ... Art
de tipo histórico	historischer Art/Natur
cotidiano, -a	alltäglich
la vida cotidiana	der Alltag
ponerse de manifiesto	sich offenbaren, sich zeigen; zutage treten
es muy raro que *(+ Konj.)*	es ist sehr selten, daß
la lengua	Zunge, Sprache
la cultura	Kultur
hermano, -a *(Adj.)*	Bruder..., Schwester...
nación hermana	Schwesternation
igualmente	ebenfalls, gleichfalls, ebenso
e (y *wird zu* e *vor Wörtern, die mit i oder hi beginnen!)*	und
saltar	springen
saltar a la vista	ins Auge springen, auffallen
mínimo, -a	kleinste(r), gering
el porcentaje	Prozentsatz
cruzar	kreuzen; überqueren, -schreiten
común	gemeinsam
contadas ocasiones	gezählte (= wenige) Gelegenheiten
pretender	versuchen, beabsichtigen
institucionalizar	institutionalisieren
la amistad	Freundschaft
el tratado	Vertrag

26

el pacto	Pakt, Abmachung
oficial	offiziell, amtlich
a la vez	gleichzeitig, zugleich
triste	traurig, bedauerlich
próximo	nahe
familiar	vertraut

Lección 27 – Lektion 27

Preparativos de viaje

Reisevorbereitungen

I. Text

(Jaime: *J.*, Adela: *A.*)

J.: Cada vez que tengo que preparar un viaje, me vuelvo loco. ¿Podrías echarme una mano, Adela? Soy fatal haciendo maletas.

A.: Si supieras la gracia que me hace, no me lo pedirías.

J.: Pensaba que las mujeres tendríais más maña y, sobre todo, más paciencia para ordenar todo esto.

A.: Si fueran sólo camisas y calcetines, no habría problemas. Pero lo que quieres llevarte de vacaciones es una exageración. Aunque el coche fuera el doble de grande, no cabría ni la mitad; y no olvides que tenemos huéspedes …

J.: Lo siento, pero todo es absolutamente necesario; los huéspedes, podrían facturar sus maletas.

A.: Buena se pondría tía Concha si tuviera que desprenderse de su equipaje.

J.: Que se ponga como quiera. Además, casi todo esto es tuyo: si fueras a una boda, no llevarías tantos vestidos ni zapatos ...

A.: ¿Y este paquete que hay ahí? ¡Parece una catedral!

J.: ¿Preferirías dormir al raso en la playa? Es la tienda. Y esto de aquí es mi equipo de buceo. Todo va encima, en el portaequipajes; o sea, que lo mío apenas ocupa sitio.

A.: Tengo una propuesta: ¿qué tal si yo me quedara en casa? Tendrías también el asiento delantero para meter más equipos deportivos.

J.: ¡Pero, cariño! ¿Qué serían las vacaciones sin ti?

II. Übersetzung

Jaime: Jedesmal wenn ich eine Reise vorbereiten muß, werde ich verrückt. Könntest du mir zur Hand gehen, Adela? Ich bin unmöglich beim Kofferpacken. - *Adela:* Wenn du wüßtest, wie es mir gefällt, würdest du es nicht von mir verlangen. - *J.:* Ich dachte, daß ihr Frauen mehr Geschick und vor allem mehr Geduld hättet, um all dies zu ordnen. - *A.:* Wenn (es) nur Hemden und Socken wären, gäbe es keine Probleme. Aber was du in den Urlaub mitnehmen willst, ist eine Übertreibung. Selbst wenn der Wagen doppelt so groß wäre, hätte nicht einmal die Hälfte Platz; und vergiß nicht, daß wir Gäste haben ... - *J.:* Es tut mir leid, aber alles ist absolut erforderlich; die Gäste könnten ihre Koffer aufgeben. - *A.:* Tante Concha würde ganz schön sauer werden, wenn sie sich von ihrem Gepäck trennen müßte. - *J.:* Sie mag werden, was sie will. Außerdem gehört fast all das (hier) dir: führest du zu einer Hochzeit, so würdest du weder so viele Kleider noch (so viele) Schuhe mitnehmen ... - *A.:* Und dieses Paket, das dort liegt? Das ist ja ein Riesenstück! - *J.:* Würdest du lieber unter freiem Himmel am Strand schlafen? Es ist das Zelt. Und das hier ist meine Tauchausrüstung. Alles kommt oben mit, im Gepäckständer; das heißt, meine Sachen beanspruchen kaum Platz. - *A.:* Ich habe einen Vorschlag: Wie wär's, wenn ich zu Hause bliebe? Du hättest (dann) den Vordersitz, um noch mehr Sportausrüstung(en) unterzubringen. - *J.:* Aber Liebling! Was wären die Ferien ohne dich?

Konditional

tomar**ía**	tomar**íamos**	*ich würde nehmen (oder: nähme)*	*wir würden nehmen*
tomar**ías**	tomar**íais**	*du würdest nehmen*	*ihr würdet nehmen*
tomar**ía**	tomar**ían**	*er/sie/es würde nehmen*	*sie würden nehmen*
beber**ía**	beber**íamos**	*ich würde trinken*	
beber**ías**	beber**íais**	*(oder: tränke) usw.*	
beber**ía**	beber**ían**		diese Formen nicht mit dem Imperfekt verwechseln: bebía, abría
abrir**ía**	abrir**íamos**	*ich würde öffnen*	
abrir**ías**	abrir**íais**	*usw.*	
abrir**ía**	abrir**ían**		

Die Endungen **-ía, -ías** etc. werden **an die Infinitivform angehängt!**

Bei einigen Verben erfolgt **Verkürzung** bzw. Einschub von **d** (vergleiche Futur Lektion 16):

salir	sal**d**ría	venir	ven**d**ría	poder	podría
saber	sabría	hacer	haría	decir	diría
haber	habría	querer	que**rr**ía	caber	cabría

Als zusammengesetzte Zeit **(Konditional II):**

habría tomado	*ich würde genommen haben (oder: ich hätte genommen)*
habría bebido	*ich würde getrunken haben (oder: ich hätte getrunken)*
habría abierto	*ich würde geöffnet haben (oder: ich hätte geöffnet)*

Anwendung:

a) podrías ayudarme — *du könntest mir helfen*
le habría escrito — *ich hätte ihm geschrieben*
podrías haberme informado — *du hättest mich informieren können*
auch: podías haberme informado

deberías habérmelo escrito	*du hättest es mir schreiben sollen/müssen*
auch: debías habérmelo escrito	

b) im **irrealen Bedingungssatz:**

Si yo **hablara** contigo, me **informarías.**	*Wenn ich mit dir spräche, würdest du mich informieren.*
oder: Me **informarías,** si yo **hablara** contigo.	*Spräche ich mit dir, so würdest du mich informieren.*
oder: Me **informarías,** si yo **hablase** contigo.	*Du würdest mich informieren, wenn ich mit dir spräche.*

Hauptsatz: "me informarías" (Konditional wie oben)
Nebensatz: "**si** yo hablara (oder: hablase) contigo."
Achtung: Die Konjunktion "si" darf im Spanischen nicht wegfallen.

Die Formen "hablara" und "hablase" sind die **Konjunktivformen des Imperfekts,** abgeleitet von der 3. Person Plural des Pretérito Indefinido (Indikativ): tomaron → tomara, tomase *etc.*, escribieron → escribiera, escribiese, etc.

tomara	tomáramos	und:	tomase	tomásemos
tomaras	tomarais		tomases	tomaseis
tomara	tomaran		tomase	tomasen

ebenso: bebiera, bebiese
abriera, abriese etc.

Achtung: nicht verwechseln mit den Futurformen "tomar**á**" bzw. "tomar**án**"!

IV. Übungen

1. Establecer frases según el modelo "comprar un coche – no tener dinero: si tuviera[1] dinero compraría un coche":
preguntarte la lección – responderme; llegar a tiempo – vernos; ir a Madrid – visitar a los tíos; ser buena la carretera – llegar

antes; hablar despacio - entender mejor; estudiar más - saber la lección; salir de casa - conocer mucha gente; estar más baratos - comprar más libros; vernos en la plaza - tomar un café.

[1] tener: tuvieron → tuviera, tuviese

2. Completar con preposición y forma verbal adecuadas:

Este año nosotros *(ir)* ... Italia ... vacaciones; el año pasado *(estar)* ... Grecia; *(pasar)* ... Yugoslavia ... visitar ... un amigo que *(vivir)* allí desde *(hacer)* muchos años. Cuando yo *(pasar)* las vacaciones ... Mallorca el verano pasado, *(ocurrir)* un suceso que nunca *(olvidar)*.

3. Responder afirmativa y negativamente:

¿Le gusta a Jaime hacer maletas? / ¿Le ayuda Adela? / ¿Lleva Adela muchos vestidos? / ¿Preferiría Jaime ir de vacaciones sin Adela? / ¿Lleva Vd. mucho equipaje cuando va de vacaciones? / ¿Hay espacio en el coche para todo el equipaje? / ¿Quiere tía Concha desprenderse de su equipaje?

4. Traducir al alemán:

Si no tuviéramos papel de cartas, no podríamos escribiros. Podrías llamar por teléfono a mi secretaria, si necesitaras la factura en seguida. Ud. mandaría un telegrama a su novia, si tuviese tiempo. Si en Galicia las parcelas no fueran tan pequeñas, la agricultura no tropezaría *(stoßen auf)* con tantas dificultades. El estudiante habría perdido todo el dinero, si su amigo no hubiera sido tan listo. Los alumnos traducirían el ejercicio en casa, si tuvieran un buen diccionario. Si Ana fuera una mujer muy valiente, habría salvado *(retten)* la vida de sus hijos. Cada vez que tienes que hacer la maleta te pones nerviosa. No habría problemas, si los dos fueran a España sin acompañantes.

5. Übersetzen Sie ins Spanische:

Was ihr in den Urlaub mitnehmen wollt, ist mehr, als man sich vorstellen kann. Wenn er Geld hätte, würde er das Haus sofort kaufen. Wir dachten, die Spanier hätten mehr Geduld als die Franzosen. Wenn er mehr verdiente, könnte er den Urlaub mit seiner Freundin in Südamerika verbringen *(pasar)*. Wie wär's, wenn du mich begleiten würdest? Ich würde lieber zu Hause bleiben, denn im Winter *(invierno)* ist es dort sehr heiß. Ich würde den Gepäckträger des Autos schon kaufen, wenn er nicht zu klein wäre. Fast das ganze Gepäck hier gehört mir (ist das meine). Ich würde sauer werden, wenn ich mich von meinen Koffern und Kisten *(cajas)* trennen müßte. Manche Leute ziehen es vor, unter freiem Himmel am Strand zu schlafen. Die Sportausrüstung könnten wir auf dem Hintersitz *(asiento trasero)* deines Wagens verstauen.

V. Wortschatz

cada vez que	immer wenn, jedesmal wenn
volverse (loco)	(verrückt) werden
echar una mano	helfen, zur Hand gehen
fatal	*hier:* unmöglich
estar fatal	alles verkehrt machen
la maleta	Koffer
supiera	*Konj. II von* saber (kennen, wissen)
la gracia	Gnade; Witz; Charme
hacer gracia	gefallen, Spaß bereiten
la maña	Geschick(lichkeit)
la paciencia	Geduld
ordenar	ordnen, richten
fueran	*Konj. II von* ser *oder* ir
la camisa	Hemd
el calcetín	Socke
llevar(se) de vacaciones	(in den Urlaub) mitnehmen, mit sich führen
la exageración	Übertreibung
aunque	selbst wenn, auch wenn
doble	doppelt
el doble de grande	doppelt so groß
caber (*Fut.:* cabré, *Kond.:* cabría)	Platz haben
la mitad	Hälfte
el huésped	Gast, Mitfahrer
sentir (-ie-)	bedauern
facturar	aufgeben *(Gepäck)*
ponerse bueno *(iron.)*	böse, sauer werden
desprenderse (de)	sich trennen (von)
el equipaje	Gepäck
que se ponga … *(Konj. als Wunsch)*	sie möge werden …

tuyo, -a	dein(e)
la boda	Hochzeit
el paquete	Bündel, Paket
ahí	da
una catedral	Kathedrale; *hier:* Riesending
preferir *(+Inf.)*	lieber (etwas) tun
al raso	im Freien
la tienda	Zelt; Geschäft
el equipo	Ausrüstung; Team, Mannschaft
el buceo	Tauchen
encima (de)	oben, auf, obenauf
el portaequipajes	Gepäckträger, Dachständer
o sea	das heißt, das bedeutet
el sitio	Platz
ocupar sitio	Platz beanspruchen
qué tal si …	wie wär's, wenn …
delantero, -a	vordere/r/s
meter	setzen, legen, stellen, verstauen
cariño	Liebling, Schatz
sin ti	ohne dich

Lección 28 – Lektion 28

Galicia, dulce y misteriosa

Galicien – lieblich und geheimnisvoll

I. Text

Para los españoles de tierra adentro, el viaje a Galicia es una aventura inolvidable. Los accesos son tradicionalmente difíciles, pese a que últimamente se han mejorado bastante las carreteras; pero esto tiene también sus encantos: el viaje resulta forzosamente más lento que si existieran modernas autopistas. Y el paisaje que se va recorriendo, merece ser tomado con toda calma. A partir de Astorga, la monotonía de las llanuras centrales se torna súbitamente en una exquisita variedad de montañas y valles, con la región del Bierzo como tierras de transición, que hacen presumir ya la dulzura del paisaje gallego. El color pardo de las llanuras resecas ha ido tornándose en verdor de prados, bosques y maizales, que se va haciendo cada vez más misterioso hasta culminar en las célebres rías, donde la tierra y el mar parecen unirse en mil abrazos. Galicia constituye un mundo aparte, y el tradicional aislamiento del resto de España se diría que es debido al empeño en velar el misterio que, ya para los romanos, empezaba donde terminaba la tierra, en el Finisterre.

II. Übersetzung

Für die Spanier, die im Landesinnern leben, ist die Reise nach Galicien ein unvergeßliches Abenteuer. Die Anreisewege sind üblicherweise beschwerlich, trotz der Tatsache, daß in letzter Zeit die Straßen ziemlich verbessert worden sind; aber dies hat auch seine Reize: die Reise ist zwangsläufig langsamer, als wenn moderne Autobahnen vorhanden wären. Und die Landschaft, durch die man fährt, verdient mit aller Ruhe aufgenommen zu werden. Von Astorga an wandelt sich die Monotonie der Zentralebenen plötzlich zu einer erlesenen Vielfalt an Gebirgen und Tälern, mit der Region des Bierzo als Land des Übergangs, welches bereits die Lieblichkeit der galicischen Landschaft ahnen läßt. Die braune Färbung der ausgedörrten Ebenen ist allmählich in das Grün der Wiesen, Wälder und Maisfelder übergegangen, das immer geheimnisvoller wird, bis es den Höhepunkt in den berühmten Rías erreicht, wo (das) Land und (das) Meer sich in tausend Umarmungen zu vereinigen scheinen. Galicien ist eine Welt für sich, und die traditionelle Isolierung vom übrigen Spanien soll auf das Bemühen zurückzuführen sein, das Geheimnis zu verschleiern, das bereits für die Römer dort begann, wo das Land aufhörte, nämlich am Kap Finisterre (= Ende der Welt).

III. Grammatik

Weitere Beispiele zum **irrealen Bedingungssatz:**

I. Si me llamara, le invitaría. II. Si me llamase, le invitaría. III. Si me llamase, le invitara.	*Wenn er mich anriefe, würde ich ihn einladen.*

Von diesen drei Konstruktionen ist die unter I. genannte am gebräuchlichsten.

Merke: Im Nebensatz (mit “si” beginnend) darf grundsätzlich das Verb nicht auf -ría enden. Im Hauptsatz steht nicht die Form auf -ase oder -ese.

Auf die Vergangenheit bezogen:

Si me hubiera llamado, le habría invitado. Si me hubiese llamado, le habría invitado. Si me hubiese llamado, le hubiera invitado.	*Wenn er mich angerufen hätte, hätte ich ihn eingeladen.*

Die Formen der Hilfszeitwörter **hubiese** bzw. **hubiera** sind abgeleitet von der 3. Person Plural Indikativ des Pretérito Indefinido von haber: hubieron → hubiera, hubiese.

Natürlich gibt es im Spanischen auch einen **realen Bedingungssatz:**

Si lo sabe, te lo dirá.	*Wenn er es weiß, wird er es dir sagen.*
Si tienen dinero, te ayudarán.	*Wenn sie Geld haben, (dann) werden sie dir helfen.* (Die Bedingung erscheint erfüllbar).

Unregelmäßiges "Pretérito Indefinido" der Verben, die auf -ducir enden (s. Lektion 14):

traducir

traduje	tradujimos	*ich übersetzte*
tradujiste	tradujisteis	*usw.*
tradujo	tradujeron	

-e und -o sind also **nicht** betont (akzentlos)!

Ableitungen: tradujera, tradujese

Die wichtigsten Verben:

deducir (de)	*ableiten (von)*	seducir	*verführen*
introducir	*einführen*	reducir	*reduzieren*
producir	*produzieren*	inducir	*verleiten*
conducir	*führen, leiten*	producirse	*sich ereignen*

1. Colocar en pretérito indefinido o perfecto compuesto:
Estoy muy alegre. Ayer … / Suelo levantarme pronto. Hoy … tarde / Desayuno. Todavía no … / Manolo trabaja mucho. Esta semana … / Isabel hace las compras. Ayer … / Vemos un coche. Esta semana … una película muy interesante.

2. ¿Ser/estar?
El coche … pequeño y Jaime … preocupado, porque … difícil meter todo el equipaje. Adela … más mañosa para hacer maletas; Jaime … fatal. El paquete … muy grande; todo … desordenado; … difícil encontrar sitio para todo.

3. Responder:
¿Llevan cosas innecesarias para las vacaciones? / ¿Por qué no ayuda Adela a Jaime? / ¿Qué propone Jaime? / ¿Qué responde Adela? / ¿Le gustaría a tía Concha facturar sus maletas? / ¿Acepta Jaime la idea de Adela de quedarse en casa? ¿Por qué?

4. Traduzca Ud. al alemán:
Para los alemanes que viven en el norte de la República Federal (BRD), un viaje a Baviera siempre es una aventura inolvidable. Los accesos son excelentes. Hay unas autopistas estupendas, pero al lado de éstas las carreteras nacionales y regionales ofrecen también sus encantos. El paisaje que se va recorriendo es realmente algo impresionante: bosques muy extensos, caudalosos ríos, y, sobre todo, los Alpes con sus picos nevados. Y junto a esto las obras de la mano del hombre: ciudades de carácter medieval, largos puentes, y los famosos castillos construidos en tiempos del rey Luis II de Baviera. Este país constituye, en resumidas cuentas *(kurz gesagt)*, un mundo maravilloso tradicionalmente separado del resto de Alemania.

5. Übersetzen Sie ins Spanische:
Das Geheimnis jener Region beginnt dort, wo das Land endet. Wenn wir die Preise reduzierten, könnten wir noch mehr Bücher verkaufen. Wenn du diese neue Methode einführtest, würden die Schüler viel schneller Spanisch lernen. Wenn ich die Sätze

sofort übersetzte, könnte ich die Übersetzung bis morgen beenden. Wenn die Regierung *(gobierno)* das nötige Geld gehabt hätte, hätte man die Straßen ziemlich verbessern können. Er hätte mir ein Telegramm schicken sollen. Wenn wir es wissen, werden wir es euch mitteilen. Wären wir nach Portugal gefahren, so hätten wir vorher Portugiesisch lernen müssen. Viele Touristen möchten die Geheimnisse Galiciens enthüllen, aber nicht einmal die Römer waren dazu in der Lage *(eran capaces de ello).*

V. Wortschatz

dulce	süß, lieblich
misterioso, -a	geheimnisvoll
la tierra	Erde, Land
tierra adentro	landeinwärts, *hier:* im Landesinnern
la aventura	Abenteuer
inolvidable	unvergeßlich
el acceso	Zugang, Zufahrt, Anreiseweg
tradicional	traditionell, üblich(erweise)
pese a	trotz; obwohl
mejorar	verbessern
se han mejorado *(Passiv)*	sind verbessert worden
el encanto	Reiz, Zauber
forzosamente	zwangsläufig
lento, -a	langsam
existir	existieren, vorhanden sein
la autopista	Autobahn
el paisaje	Landschaft
merece ser tomado *(Passiv)*	verdient aufgenommen zu werden
la calma	Ruhe
a partir de …	*hier örtlich:* von … an
la llanura	Ebene
central	zentral
tornarse (en)	sich verwandeln (in), werden (zu)
súbitamente	plötzlich
exquisito, -a	erlesen
la variedad	Vielfalt
la montaña	Gebirge
el valle	Tal
el Bierzo	Region im Westen der Provinz León
la transición	Übergang

hacer	*hier:* lassen, veranlassen
presumir	mutmaßen, vorahnen
la dulzura	Lieblichkeit
pardo, -a	braun, graubraun
reseco, -a (**re** + seco)	ausgedörrt, sehr trocken
el verdor	das Grün
el prado	Wiese, Weide
el bosque	Wald
el maizal	Maisfeld
cada vez más	immer mehr
culminar	gipfeln, den Höhepunkt erreichen
célebre	berühmt
unir	vereinigen
el abrazo	Umarmung
constituir	darstellen, sein, bilden
aparte	für sich
el aislamiento	Isolierung
el empeño	Bemühung, Bemühen
velar	verschleiern, verhüllen; hüten
los romanos	die Römer

Lección 29 – Lektion 29

Problemas

Probleme

I. Text

(Doña Julia: *D. J.*, Don Antonio: *D. A.*, Paco: *P.*, Tía Concha: *T. C.*)

D. J.: Ya te lo había dicho yo, Antonio. Lo mejor es imponerse. Pero tú eres un contemporizador. Ahora, no hay nada que hacer.

D. A.: Yo había pensado que iba a ser más fácil dar con un apartamento espacioso. Si Concha y Pepe no hubieran venido con nosotros, habría espacio más que suficiente para todos.

P.: Yo no veo tan mal que Adela y Jaime se vayan por un lado y Manolo y Marion quieran recorrer Portugal. Mejor, así tenemos más sitio.

D. A.: ¡A ti no te ha preguntado nadie absolutamente nada!

P.: ¡Pero uno puede pensar en alta voz! ¿Ni siquiera eso?

D. J.: Paco, ¿por qué no vas abajo y le dices a tía Concha que venga? Tú puedes quedar fuera con tío Pepe, que los dos lo pasáis en grande.

D. A.: A fin de cuentas, Paco tiene razón más que sobrada. ¿Para qué repetir siempre las mismas preguntas? Yo veo muy bien que la juventud siga su camino.

D. J.: De Adela y Jaime no quiero hablar. Pero Manolo y Marion son más jóvenes. Y Marion es extranjera, no lo olvides; tenemos cierta responsabilidad, creo yo.

T. C.: ¡De los extranjeros deberíamos aprender, Julia! ¿Qué harías si Adela se fuera sola de vacaciones a Alemania?

D. J.: Quizás piense una demasiado en sí misma.

T. C.: ¡Ahí está la madre del cordero! En realidad, todos querríamos que la vida siguiera el curso que más se adapta a nuestros propios deseos. ¡Si no fuéramos tan egoístas!

II. Übersetzung

Doña Julia: Ich hatte es dir bereits gesagt, Antonio. Das beste ist, sich durchzusetzen. Aber du bist (immer) zu Kompromissen bereit. Jetzt ist nichts mehr zu machen. – *Don Antonio:* Ich hatte gedacht, daß es leichter sein würde, ein geräumiges Appartement zu finden. Wenn Concha und Pepe nicht mit uns gekommen wären, hätte es Platz mehr als genug für alle gegeben. – *Paco:* Ich finde es gar nicht schlecht, daß Adela und Jaime in die eine Richtung fahren und Manolo und Marion Portugal bereisen wollen. Das ist besser, so haben wir mehr Platz. – *D. A.:* Dich hat überhaupt niemand etwas gefragt! – *P.:* Aber man darf doch laut denken! Oder (vielleicht) nicht einmal das? – *D. J.:* Paco, warum gehst du nicht runter und sagst Tante Concha, sie soll kommen? Du kannst mit Onkel Pepe draußen bleiben, da ihr beide euch köstlich amüsiert. – *D. A.:* Schließlich und endlich: Paco hat vollkommen recht. Warum immer die gleichen Fragen wiederholen? Ich sehe ganz richtig, daß die Jugend ihren eigenen Weg gehen soll. – *D. J.:* Von Adela und Jaime will ich nicht reden. Aber Manolo und Marion sind jünger. Und Marion ist Ausländerin, vergiß das nicht; wir haben eine gewisse Verantwortung, glaube ich. – *Tante Concha:* Von den Ausländern sollten wir lernen, Julia! Was würdest du machen, wenn Adela allein auf Urlaub nach Deutschland führe? – *D. J.:* Vielleicht denkt man zu sehr an sich selbst. – *T. C.:* Da liegt der Hase im Pfeffer! In der Tat hätten wir alle gerne, daß das Leben den Verlauf nähme, der sich am meisten unseren eigenen Wünschen anpaßt. Wenn wir (doch) nicht so egoistisch wären!

III. Grammatik

Adverbien dienen zur näheren Bestimmung von

a) Verben:	trabajar **mucho**	*viel arbeiten*
	sentir **mucho**	*sehr bedauern*
b) Adjektiven:	**muy** interesante	*sehr interessant*
	muy pálido	*sehr blaß*
c) anderen Adverbien:	**muy** bien	*sehr gut*
	bastante mal	*ziemlich schlecht*

Beachte: Adverb **mucho** (unveränderlich) nicht mit Adjektiv **mucho/a/s** verwechseln!

Einteilung:

I. **ursprüngliche Adverbien** (enden nicht auf -mente!):

hoy	*heute*	mal	*schlecht*	detrás	*hinten*
casi	*fast*	bien	*gut*	usw.	

II. **abgeleitete Adverbien:** an die **feminine** Form des Adjektivs im **Singular** wird **-mente** angehängt:

intenso → intens**a** → intensamente	*auf intensive Art und Weise*
elegante (m + f) → elegantemente	*auf elegante Art und Weise*
fácil (m + f) → fácilmente	*leicht, auf leichte Art*

Achtung: der bereits beim Adjektiv vorhandene **Akzent** wird beibehalten!

Ferner können Adverbien wie folgt klassifiziert werden:

A. **Adverbien des Ortes** (auf die Frage **wo**?):

abajo	*unten*	allí	*dort*	aquí	*hier*
arriba	*oben*	delante	*vorn(e)*	dentro	*drinnen*
detrás	*hinten*	encima	*darüber*	fuera	*draußen*
enfrente	*gegenüber*	lejos	*weit weg*	usw.	

B. **Adverbien der Zeit** (auf die Frage **wann**?):

ahora	*jetzt*	ayer	*gestern*	antes	*vorher*
después	*nachher*	entonces	*dann; damals*	hoy	*heute*
luego	*dann, darauf*	mañana	*morgen*	primero	*zuerst*
pronto	*bald*	siempre	*immer*	entretanto	*unterdessen*
tarde	*spät*	temprano	*früh*	usw.	
todavía	*noch*	ya	*schon*		

C. **Adverbien der Art und Weise** (auf die Frage **wie**?):

bien	*gut*	mal	*schlecht*	casi	*fast*
demasiado	*zuviel, allzu*	despacio	*langsam*	apenas	*kaum*
bastante	*ziemlich*	mejor	*besser*	peor	*schlechter*
mucho	*sehr, viel*	poco	*wenig*	sólo	*nur*
tanto	*so sehr, soviel*	quizá(s)	*vielleicht*		

sowie die abgeleiteten Adverbien auf -mente.

D. **Adverbielle Ausdrücke:**

a tiempo	*rechtzeitig*	de veras	*wirklich*
de todos modos	*auf alle Fälle*	a menudo	*oft*
sobre todo	*vor allem*	en parte	*zum Teil*
a la española	*auf spanische Art*	tal vez	*vielleicht*
		usw.	
de nuevo	*wieder, erneut*		

Umschreibungen sind möglich:
Statt "generalmente" auch "en general",
statt "nuevamente" auch "de nuevo",
statt "frecuentemente" auch "con frecuencia" usw.

Weitere Adverbien werden im Wortschatz der einzelnen Lektionen angegeben.

IV. Übungen

1. Setzen Sie das entsprechende Adverb ein:

El libro es … caro; quiero otro … barato / Sabes … la lección / No te levantes … tarde, pues … tendrás tiempo para hacer … la traducción / Trabajas …; así no podrás hablar … español / Todavía es … … para empezar; esperaremos un poco / Ya es … para salir; es mejor quedar en casa / Sabe … detallada… lo que ha pasado; yo no me acuerdo tan exacta...

2. Responder:

¿A qué hora se levanta normalmente? / ¿Cuándo sale de casa? / ¿Cuánto tiempo necesita para llegar a las clases? / ¿A qué hora empieza y termina la clase de español? / ¿Qué días tiene clase? / ¿En qué mes tiene vacaciones? / ¿Prefiere el verano o el invierno para ir de vacaciones? ¿Por qué? / ¿Desde cuándo estudia español?

3. Completar con la preposición y verbo adecuados:

Todos los días *(encontrarme)* ... mis amigos ... un café; *(jugar)* ... las cartas y luego, si *(poder)*, *(ir)* ... cine / Yo no *(saber)* todavía cuándo *(tener)* lugar la invasión árabe ... España; *(creer)* que *(ser)* ... el siglo VIII, pero no *(estar)* muy seguro / Cuando nosotros *(volver)*, *(cruzar)* la calle un coche; ... seguridad *(ser)* tu hermano, que *(regresar)* ... vacaciones ... Galicia.

4. Traducir al alemán:

¿Hay que levantarse temprano? Sí, mucho (= muy temprano). Aquí, los coches y camiones *(Lkw)* son más baratos que en España. "Yo te quiero mucho ..." Así comienza una canción de moda *(Schlager)*. Hoy tocas el piano tan bien como anteayer. Los amigos eran poco amables. Vuestros abuelos están bastante bien (malos). Está bien así. Primero escribimos una tarjeta postal *(Postkarte)*, luego la echamos al buzón *(Briefkasten)*, después fuimos a ver a nuestro cuñado *(Schwager)*, y al final éste nos invitó a tomar una copita. Entonces ya estaba casado con otra mujer. Pienso, luego *(also!)* existo. Tú no lo sabes aún; entonces tienes que estudiar mucho más. Los recién[1] casados salieron de viaje el día antes de anteayer. Un banco recién[1] pintado. Llegaron recién[2] (= sólo) el año pasado. Han corrido mucho *(schnell!)*. ¡No hable Vd. tan alto/bajo *(laut/leise)*!

[1] **recién** (neu, frisch etc.) *steht immer mit dem P.P.*

[2] **recién** *alleinstehend ist nur in Argentinien, Uruguay u. a. südamerikanischen Ländern in der Bedeutung von* sólo, acabar de *zu hören:* recién había llegado *er war soeben angekommen.*

5. Übersetzen Sie ins Spanische:

Dieser Fernseher *(televisor)* ist zu teuer. Du kommst immer zu spät. Mein Bruder will noch heute *(hoy mismo)* verreisen. Jetzt kann man nichts mehr machen. Wenn Onkel und Tante in der

Lotterie gewonnen hätten, gäbe es Geld in Hülle und Fülle (mehr als genug) für die ganze Verwandtschaft. Onkel Pepe und sein Neffe Paco haben sich köstlich amüsiert. Was würdet ihr tun, wenn Antonio seinen Urlaub allein in Amerika verbrächte? Tante Concha verfolgt einen Kurs, der sich eher *(más)* ihren eigenen Vorstellungen *(ideas)* anpaßt.

V. Wortschatz

no hay nada que hacer	man kann nichts machen, da ist nichts mehr zu machen
iba a ser más fácil	es sollte leichter sein, es würde leichter sein
dar con	finden
espacioso, -a	geräumig
el espacio	Raum, Platz
suficiente	genug
yo no veo tan mal que *(+Konj.)*	ich sehe nicht so schlecht, ich finde es gar nicht schlecht
el lado	Seite
ir por un lado	in eine Richtung fahren
uno, -a	*hier:* man
la voz	Stimme
en alta voz	laut, mit lauter Stimme
abajo	unten, nach unten
decir que *(+Konj.)*	sagen/befehlen, daß ...
fuera	draußen
pasarlo en grande	sich köstlich amüsieren
a fin de cuentas	schließlich und endlich
más que sobrado, -a	mehr als genug, durch und durch
repetir (-i-)	wiederholen
la pregunta	Frage
el camino	Weg
joven	jung
la responsabilidad	Verantwortung
aprender	lernen
fuera	*Konj. II von* ser *und* ir
pensar en sí mismo/a	an sich selbst denken
el cordero	Lamm
¡ahí está la madre del cordero!	da liegt der Hase im Pfeffer
querría que	ich hätte gern, daß
siguiera	*Konj. II von* seguir
el curso	Lauf; Kurs(us)
adaptar	anpassen
egoísta	egoistisch

Lección 30 – Lektion 30

La primera excursión

Der erste Ausflug

I. Text

Don Antonio Rivero es uno de tantos españoles de ascendencia gallega, que se llenan de "morriña" con sólo ver las rías. En la tierra de sus abuelos, lo pasa divinamente y se siente por tres semanas un ser distinto.

Después de descansar del viaje, la primera excursión está consagrada a las rías bajas, el litoral que se extiende desde la frontera con Portugal, al sur, y el cabo de Finisterre, al norte: rías de Vigo, Pontevedra, Arosa, Noya ...; valles profundos hundidos en el mar, en medio de un paisaje suavemente ondulado, poblado de eucaliptos, pinos, castaños, robles, de belleza impar. En cada rincón podría uno quedarse para siempre, exclama don Antonio en un arranque de entusiasmo. Lástima que el tiempo no sea tan espléndido como en Castilla, añade tío Pepe. Efectivamente, una neblina cubría el paisaje, haciéndolo más mágico. Y pronto, una lluvia fina les hizo emprender el viaje de vuelta. Galicia los había recibido con todos los honores.

II. Übersetzung

Antonio Rivero ist einer von so vielen Spaniern galicischer Abstammung, die allein durch den Anblick der "Rías" von Heimweh erfüllt werden. Im Lande seiner Vorfahren läßt er sich's gut gehen und kommt sich drei Wochen lang wie ein anderer Mensch vor.

Nachdem er sich von der Reise ausgeruht hat, soll der erste Ausflug zu den "Rías bajas" führen, dem Küstengebiet, das sich von der portugiesischen Grenze im Süden bis zum Kap Finisterre im Norden erstreckt: die Rías von Vigo, Pontevedra, Arosa, Noya ... sind tiefe, im Meer eingesunkene Täler, inmitten einer leicht gewellten Landschaft, die mit Eukalyptusbäumen, Pinien, Kastanien, Eichen von einmaliger Schönheit bewaldet ist. In jeder Ecke könnte man sich für immer niederlassen, ruft Don Antonio in einer Anwandlung von Begeisterung aus. Schade, daß das Wetter nicht so herrlich wie in Kastilien ist, setzt Onkel Pepe hinzu. Tatsächlich überzieht feiner Nebel (Dunst) die Landschaft und macht sie (noch) zauberhafter. Und unvermittelt ließ sie ein feiner Regen die Rückfahrt antreten. Galicien hatte sie mit allen Ehren empfangen.

III. Grammatik

Stellung des Adverbs: im allgemeinen **nach** dem Verb, **vor** dem Adjektiv, **vor** einem anderen Adverb:

Yo te quiero **mucho.**	*Ich liebe dich sehr.*
Este cuchillo es **muy** caro.	*Dieses Messer ist sehr teuer.*
Habla **muy bien** el español.	*Er spricht sehr gut Spanisch.*

tan *(so)* steht nur beim Adjektiv oder einem anderen Adverb:

Es **tan** inteligente **como** su primo.	*Er ist so intelligent wie sein Vetter.*
Canta **tan** bien ...	*Er singt so gut ...*

tanto *(so sehr, so viel)* steht nur beim Verb:

Trabaja **tanto** que ya no puede dormir.	*Er arbeitet so viel, daß er nicht mehr schlafen kann.*

así *(so, auf diese Weise)* beim Verb:

Lo hace así.	*Er macht es so.*

30 Die **Steigerung** des Adverbs erfolgt im allgemeinen wie beim Adjektiv:

Juan trabaja **bien.**	*Hans arbeitet gut.*
Pedro trabaja **mejor.**	*Peter arbeitet besser.*
Pablo es el que **mejor** trabaja.	*Paul arbeitet am besten. (... ist derjenige, welcher als der beste arbeitet)*
Este libro se lee **más fácilmente** que el otro.	*Dieses Buch liest sich leichter als das andere.*

Manche deutschen Adverbien werden im Spanischen **verbal umschrieben:**

estoy trabajando	*ich arbeite **gerade*** (Verlaufsform)
he dejado de trabajar	*ich arbeite **nicht mehr** (= habe aufgehört zu arbeiten)*
acabo de trabajar	*ich habe **soeben** gearbeitet*
ella acabó por enviarme una carta	*sie schickte mir **schließlich** einen Brief*
los precios van subiendo etc.	*die Preise gehen **langsam** (allmählich) hinauf, usw.*

Plusquamperfekt: Bildung mit Hilfsverb **haber** im Imperfekt + Partizip Perfekt

había tomado	habíamos tom.	*ich **hatte** genommen*	*wir hatten gen.*
habías tomado	habíais tom.	*du hattest gen.*	*ihr hattet gen.*
había tomado	habían tom.	*er/sie/es hatte gen.*	*sie hatten gen.*
había venido		*ich **war** gekommen*	
etc.		*usw.*	

Anwendung: Für Handlungen, die **zeitlich früher** liegen als die durch Imperfekt oder Pretérito indefinido ausgedrückten:

Entregué la cartera que **había hallado** en la calle.	*Ich **übergab** die Brieftasche, die ich auf der Straße **gefunden hatte.***

Im Spanischen gibt es ferner die Möglichkeit, das Plusquamperfekt – in einigen seltenen Fällen – durch die Zeit des **Pretérito anterior** auszudrücken:

hube tomado	hubimos tomado	*ich hatte genommen*
hubiste tomado	hubisteis tomado	*usw.*
hubo tomado	hubieron tomado	

Unregelmäßiges Verb p o n e r *setzen, stellen, legen etc.*

Präsens:		*Konjunktiv Präsens:*		*Imperativ:*
pongo	ponemos	ponga	pongamos	**¡pon!**
pones	ponéis	pongas	pongáis	
pone	ponen	ponga	pongan	
				Imperfekt:
Pretérito indefinido:		*Konjunktivformen:*		ponía, ponías etc. (regelmäßig)
puse	pusimos	pusiera, pusiese		
pusiste	pusisteis			
puso	pusieron			*Perfekt:*
				he **puesto** etc.
Futur I:		*Konditional:*		
pondré	pondremos	pondría	pondríamos	
pondrás	pondréis	pondrías	pondríais	*Plusquamperfekt:*
pondrá	pondrán	pondría	pondrían	había **puesto** etc.

Zu diesem Verb gibt es zahlreiche **Komposita:**

anteponer	*voranstellen*	componer	*zusammensetzen*
imponer	*auferlegen*	posponer	*hintansetzen*
reponer	*erwidern; ersetzen*	suponer	*annehmen, vermuten*
interponer	*dazwischenlegen*	usw.	

IV. Übungen

1. Expresar en superlativo (absoluto):

el coche es pequeño – el paquete es grande – Adela está enfadada – Jaime es malo haciendo maletas – las maletas son muchas y pesadas – el viaje va a resultar molesto – todos estarán apretados *(eingepreßt)* y tendrán poco espacio – así, los viajes resultan pesados.

2. Colocar el tiempo adecuado:

En 1936 *(comenzar)* la guerra[1] en España; *(durar)* hasta 1939. *(cometerse)* muchos asesinatos[2] incontrolados; *(ser)* una guerra muy sangrienta[3]; *(decirse)* que *(haber)* un millón de muertos. En el año 2000, la vida *(ser)* distinta; *(haber)* problemas que hoy *(resultarnos)* desconocidos; cada época *(contar)* con problemas

especiales, y cada generación *(tener)* soluciones para ellos.
[1] *Krieg* [2] *Mord* [3] *blutig*

3. Ejercicio sobre comparativos:
En enero hace … frío … en abril / El apartamento no es … caro … el hotel / Los vinos españoles figuran entre los *(buenos)* del mundo / Tu casa es … grande … la de Juan / Mi traducción es *(mala)* … la de Antonio / Tengo más … mil marcos; tú tienes más … yo; yo tengo menos … Paco; él tiene más … diez mil / Somos tres hermanos, el *(grande)* se llama Luis, el segundo Bernardo, y el *(pequeño)* soy yo.

4. Traducir al alemán:
El niño habla más despacio que su madre. Hay que ver las cosas tanto política como económicamente. ¿Sois lo suficientemente *(genügend)* ricos para poder pagar vuestras deudas *(Schulden)*? Hemos trabajado más que nunca *(mehr denn je)*. Lo traduciré lo más rápidamente posible (*oder:* lo antes posible). Haré la traducción lo mejor posible. Hablas el italiano tan bien como yo. El jefe tiene tantos empleados *(Angestellte)* cuantos necesita *(soviele … wie)*; *oder verkürzt:* el jefe tiene cuantos empleados necesita. Apenas hubo visto (él) que no había nadie, se enfureció muchísimo *(wütend w.)*. Acababais de salir cuando os llamamos por teléfono. Cuando todos los pasajeros habían subido a los vagones, el tren se puso en marcha *(sich in Bewegung setzen)*. Volvimos a escribírselo.

5. Übersetzen Sie ins Spanische:
Maria singt gut, Carmen singt besser, aber Conchita singt zweifelsohne am besten. Er hat mir schließlich mitgeteilt, daß es besser ist, die Schulden sofort zu bezahlen. Ihr hattet das Telegramm schon abgeschickt, als die Nachricht von dem Unfall eintraf. Der kleine Hans begreift leichter als seine ältere Schwester. Es hat um acht Uhr zu regnen aufgehört. Er verdient so viel, daß er nicht alles ausgeben kann. Am besten ißt man im Restaurant Madrid *(donde mejor se come …)*. Als wir es am wenigsten erwarteten *(cuando menos lo esperábamos …)*, geschah die Katastrophe. Am besten Klavier spielt Johanna *(la que mejor toca el piano es J.)*

V. Wortschatz

la excursión	Ausflug
uno de tantos	einer von so vielen
la ascendencia	Herkunft, Abstammung
llenar	füllen, erfüllen
la morriña	Heimweh *(nur für Galicier gebraucht)*
con sólo *(+Inf.)*	wenn nur ..., allein durch ...
divino, -a	göttlich; herrlich
pasarlo divinamente	es sich gut gehen lassen
por 3 semanas	für 3 Wochen, 3 Wochen lang
consagrar a	*hier:* widmen, bestimmen
Rías bajas	die „unteren" Rías
extenderse (-ie-)	sich ausdehnen, sich erstrecken
el cabo (de)	Kap
profundo, -a	tief; tief eingeschnitten
hundir	versenken, einsinken
suave	sanft, leicht
ondulado, -a	bergig, gewellt
poblar	*hier:* bewalden, *sonst:* bevölkern
el eucalipto	Eukalyptus(baum)
el pino	Pinie
el castaño	Kastanienbaum
el roble	Eiche
la belleza	Schönheit
impar	ohnegleichen, einmalig
el rincón	Ecke, Winkel
exclamar	ausrufen
el arranque	(plötzliche) Anwandlung
el entusiasmo	Begeisterung
lástima que *(+Konj.)*	schade, daß ...
el tiempo	*hier:* Wetter
espléndido, -a	herrlich
Castilla	Kastilien *(zentraler Teil Spaniens)*
la neblina	Dunst; feiner Nebel
mágico, -a	magisch, zauberhaft
la lluvia	Regen
emprender	beginnen; aufbrechen, antreten *(Reise)*
recibir	empfangen
el honor	Ehre
con todos los honores	mit allen Ehren